CW01456459

All'amico Ing.
prematuramente   .... autore
la stesura di questo volume era stata praticamente
completata, vadano il mio commosso ricordo ed i miei
doverosi ringraziamenti.
Senza di lui, cui è dovuta buona parte del contenuto
del libro al quale aveva dedicato con vera passione
molti studi approfonditi e molta parte del suo
tempo libero, questa pubblicazione non sarebbe
stata possibile.

R. Bettiolo

All'affettuoso ricordo di Giancarlo Marcozzi
dobbiamo purtroppo aggiungere anche quello
di Roberto Bettiolo scomparso anch'egli
improvvisamente nel mese di aprile di quest'anno.
Questo libro esce pertanto postumo, grazie alla
sensibilità della vedova che ha voluto perfezionare
i contatti con l'editore intrapresi dal marito e così
esaudire uno dei suoi ultimi desideri.

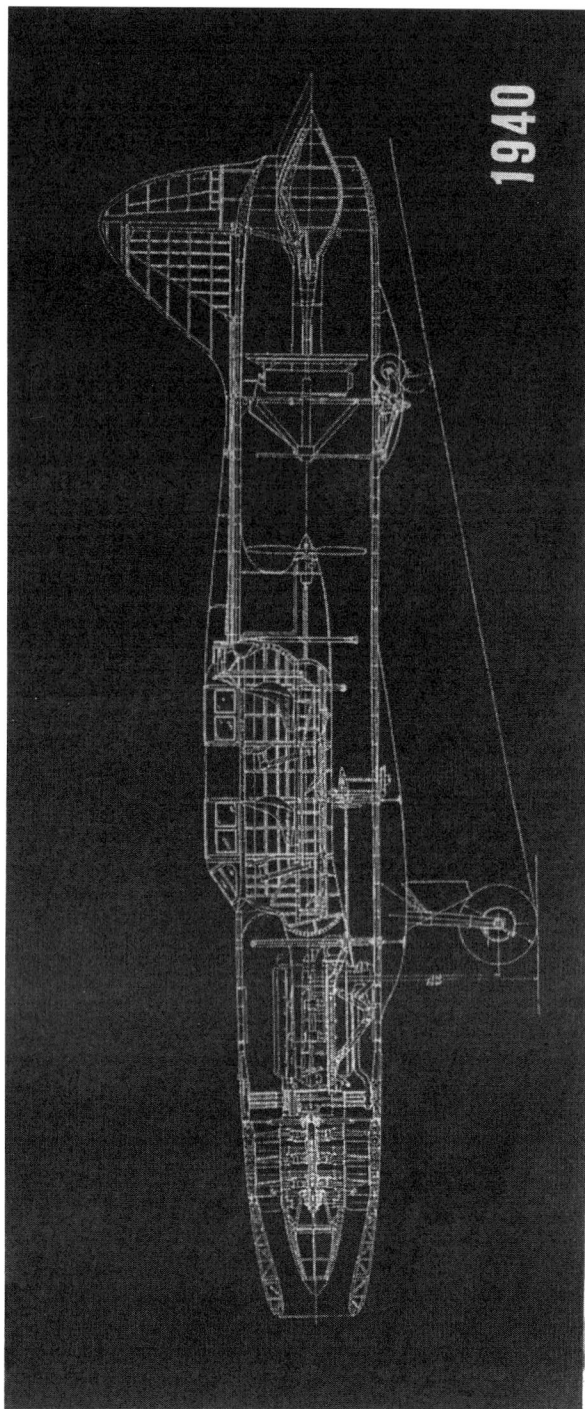

1940

DOCUMENTAZIONE ARCHIVIO CAMPINI

Roberto Bettiolo - Giancarlo Marcozzi

CAMPINI CAPRONI

STORIA E TECNICA DEL PRIMO AVIOGETTO ITALIANO
THE HISTORY AND TECHNICAL DEVELOPMENT
OF THE FIRST ITALIAN JET AIRCRAFT

IBN EDITORE

177
ICARO MODERNO

© IBN Istituto Bibliografico Napoleone
Via Mingazzini 7 - 00161 Roma
tel. 06-4452275 - Fax 06-62288537
www.ibneditore.it
e-mail: info@ibneditore.it

ISBN (10) 88-7565-056-X
ISBN (13) 9788875650568

Finito di stampare nel mese di novembre 2008 presso la Pubbliprint Service - Roma

Indice dei capitoli

Il prototipo NC 4849
sul campo di Taliedo prima del volo
per Guidonia.

NC 4849 is at Taliedo airfield
before flying to Guidonia.

INTRODUZIONE

Per una corretta e documentata conoscenza dei fatti ed un'appropriata giustificazione di molti aspetti apparentemente contrastanti con quanto sinora è stato scritto sull'aviogetto Campini-Caproni, per carenza dei cosiddetti "anelli mancanti", solo la testimonianza dei protagonisti e soprattutto l'archivio privato del progettista della macchina possono essere una risposta definitiva ai diversi interrogativi riguardanti la storia e l'evoluzione tecnica del suo progetto, dal 1934 alla costruzione dei prototipi.

Anche i protagonisti però, con il passare degli anni, cedendo a volte alla tentazione di attribuire maggior rilievo ai risultati ottenuti, hanno rivelato diverse falle nei loro ricordi, fornendo anche qualche dato tecnicamente impossibile in rapporto alla potenza all'epoca disponibile. A tutto ciò va aggiunto che nel dopoguerra sono apparsi numerosi articoli, resoconti e addirittura interi capitoli di libri riguardanti il progetto dell'Ing. Secondo Campini, tutti basati su una documentazione solo parzialmente proveniente dagli archivi della Caproni o del progettista. Pertanto diversi luoghi comuni si sono consolidati con il tempo, pur risultando, a posteriori, destituiti di fondamento rispetto ai documenti ufficiali, ai disegni originali ed ai dati rilevati sul campo. È un dato di fatto, per esempio, che lo schema interno della fusoliera di prova realizzata nel 1936 non corrisponde a quello dei prototipi definitivi nonostante fosse previsto che, ad esito positivo delle prove sperimentali, i due aerei avrebbero dovuto ricalcare l'organizzazione interna di quella fusoliera, nel cui primitivo disegno costruttivo erano già previsti gli attacchi alari. Addirittura la data del primo volo in assoluto eseguito a Taliedo (Milano) è stata riportata errata rispetto a quella effettiva del 27 agosto 1940. Si parlò infatti del 30 aprile di quell'anno. Qualcuno giunse persino ad insinuare che il Campini-Caproni avesse volato nell'aprile 1939, dunque ancor prima dell'Heinkel 178 in Germania. Tali affermazioni sfioravano l'assurdo quando si pensi che, dai documenti ufficiali dell'archivio Campini, emerge inequivocabilmente che i due prototipi NC 4849 ed NC 4850 risultarono completati solo il 26/07/40 ed autorizzati al volo solo dopo l'ultimazione positiva delle prove statiche di robustezza, cioè dopo il 22/08/40. Per non parlare poi di un anziano ingegnere che, dopo la morte del vero progettista, cercava sulla stampa di attribuirsi l'intero merito, quasi che l'Ing. Campini avesse agito solo quale prestanome ad un progetto che portava la sua firma!

Il libro, che ha richiesto diversi anni per nascere, si fonda quindi soprattutto su un protagonista insindacabile, contando cioè solo sull'archivio personale dell'Ing. Campini la cui testimonianza non è confutabile considerato che ad ogni affermazione fatta nel testo è possibile accompagnare una prova ufficiale corrispondente. Detto archivio, gelosamente conservato dagli eredi di questo grande tecnico italiano, è stato messo a disposizione degli autori di questo libro.

Ci sembra doveroso, a questo punto, porgere i nostri ringraziamenti a quanti, in tanti anni, ci hanno aiutato nel nostro lavoro, primi fra tutti gli eredi dell'Ing. Campini (in particolare la Sig.ra Celestina Boninsegni Cantelli ed il figlio Dr. Ruggero Cantelli) per averci generosamente consentito di attingere a documenti, corrispondenza, disegni e fotografie dell'archivio del loro illustre parente, archivio da loro gelosamente conservato contro le ingiurie del tempo; senza di loro questa pubblicazione non sarebbe stata possibile. Dobbiamo poi un grazie particolare al Conte Dr. Giovanni Caproni Jr., figlio del fondatore della Aeroplani Caproni, per averci fornito alcune preziose foto a colori d'epoca nonché ottime foto in bianco e nero dell'aereo. Siamo infine grati al Sig. Francesco Ballista di Treviso ed al Dr. Franco Briganti, figlio del noto Gen. Alberto Briganti di Roma (presente al primo volo del 27 agosto 1940), per averci fornito preziose fotografie, ed a quanti, da noi interpellati, ci hanno fornito, in Italia ed all'estero (in particolare, in Gran Bretagna, E.E. Stott del RAE di Farnborough ed Adrian P. Bishop di Chippenham, Wiltshire), foto, notizie o materiale vario utili per la composizione del testo.

INTRODUCTION

In order to have a correct knowledge of the facts and evidence to support many aspects that contradict much of what has been written up to now about the Campini-Caproni jet aircraft, for want of the so-called "missing rings", we can only turn to the testimony of the protagonists and above all the private archives of the machine's designer for a conclusive answer to the various doubts about the history and technical development of his project from 1934 to the construction of the prototypes.

However, also the protagonists have not been immune from lapses of memory, this has particularly been so with the passing of the years when they haved been tempted to give too great an importance to the results achieved and also to try to substantiate them by providing technical data that would have been impossible given the power available at the time. In addition we can add to all this the numerous articles, reviews and even entire chapters devoted to the engineer's project in the post-war period. According to Campini this was only partially based on documentation coming from Caproni or the designer's archives. Moreover with the passing of time several common places have taken hold, which on looking back at the events and consulting the official documents, original drawings and the related data in the field are without foundation. It is, for example, an established fact that the test sketch of the inside of the fuselage produced in 1936 does not correspond to that of the definitive prototypes although it was planned that on successful completion of the experimental tests, the two aeroplanes would have had the inside of the fuselage arranged in a manner identical to the original, in whose drawing places had already been found for wing attachments. Even the date the very first flight was carried out at Taliedo was wrongly reported. It actually took place on 27 August 1940 not on 30 April in the same year as reported. Someone even insinuated that the Campini - Caproni had flown in April 1939; therefore even before the Heinkel 178 in Germany. These statements were bordering on the absurd when you think that the two prototypes NC 4849 and NC 4850 were only completed on 26/07/40. This is not to speak of an old engineer who, after the death of the real designer, tried to use the press to get all the credit for himself. It was almost as if Ing. Campini had only acted as a front man for a project that was in fact all his!

The book, which has taken several years to appear, is therefore based above all on the information contained in the archives of the main character, Ing. Campini an unquestionable protagonist, relying that is only on Ing. Campini's personal archives. His evidence can't be denied because every statement he makes in the text can be backed up with official facts. The above-mentioned archives, closely guarded by the heirs of this great Italian technician, were made available to us, the authors of this book.

At this point we are honour bound to give our thanks to all those who, over so many years, have helped us in our work, above all Ing. Campini's heirs (particularly Signora Celestina Boninsegni Cantelli and her son Dr. Ruggero Cantelli) for generously allowing us to draw on the documents, correspondence, drawings and photographs of their illustrious relative's archives, archives which have been extremely well cared for to protect them from the ravages of time; without them this publication wouldn't have been possible. We must then particularly thank Conte Dottore Giovanni Caproni Jr., the founder of Aeroplani Caproni (Caproni Aeroplanes), for providing us with some precious colour photos of the aeroplane. Finally we are grateful to Signor Francesco Ballista in Treviso and Dottore Franco Briganti, son of the well-known Gen. Alberto Briganti in Rome (who was present at the first flight on 27 August 1940), for providing us with precious photographs and of the many who, on being asked, provided us in Italy and abroad (in particular, in Great Britain, E.E. Stott of the RAE in Farnborough and Adrian P. Bishop in Chippenham, Wiltshire) with photos, news or various material useful for writing up the text.

As for the graphics inserted in this volume, except for the ones marked with the initials of the inventor, they are all drawings from Campini's archives. Those selected have, in view of the thick

A proposito della grafica inserita nel volume, ove non siglata dalle iniziali dell'esecutore, trattasi di disegni provenienti tutti dall'archivio Campini. Quelli selezionati, considerata la pesante patina del tempo ed i segni di piegature vecchie di almeno 65 anni, sono stati ripuliti rinforzando leggermente le linee sbiadite e quindi resi presentabili da mano competente, senza peraltro assolutamente alterare l'originalità iniziale. Alcuni grafici caratteristici sono stati estratti e raggruppati per evidenziare l'evoluzione tecnica dal 1934 al 1941 (come nel caso dei quattro bruciatori, dei tre profili della cabina, ecc.), in modo da condensare in poche pagine una documentazione esauriente. Ove possibile sono stati anche evidenziati la firma dell'Ing. Campini ed i timbri originali.

IL CONCETTO DI MOTOREATTORE

Il Campini-Caproni può, a buon diritto, essere considerato il primo aviogetto di concezione e costruzione interamente italiane, incluso il motopropulsore (che nel caso specifico s'identificava con la fusoliera chiamata appunto fusoliera propulsiva), laddove per aviogetto s'intenda un aeromobile che voli grazie ad un getto d'aria sotto pressione e surriscaldata. Esso era spinto da un motoreattore o compressore propulsivo (in inglese "motorjet" o "motorpropulsor") che i moderni dizionari d'ingegneria così definiscono: "Il compressore è azionato da un motore separato, cosicché tutta l'energia di espansione è utilizzabile per il lavoro di propulsione; si hanno perciò due evoluzioni termodinamiche distinte, l'una, quella del fluido agente nel motore, l'altra, quella del fluido partecipante al processo di reazione vero e proprio. Nella realizzazione pratica di questo tipo di propulsione anche i gas di scarico del motore sono utilizzati per la propulsione mescolandoli col fluido propulsivo vero e proprio, il che consente anche il ricupero di parte dell'energia posseduta dai gas di scarico del motore". (Dizionario d'Ingegneria E. Perucca – Vol.4, pagg. 727-728 – Edizione 1956. Voce 'Propulsione – Sistema di propulsione a motoreattore Campini').

L'Ing. Secondo Campini accanto al suo aereo.

Ing. Secondo Campini is next to an aeroplane.

L'Ing. Secondo Campini (Bologna 28/8/1904-Milano 7/2/1980) (vedi Appendice n.1) mai usò il termine motoreattore per la sua realizzazione che lui definiva semplicemente "sistema a reazione Campini". Alla definizione di "elica intubata" (in inglese poi diffusa col termine "ducted fan") che il Gen. Alfredo Bruno con lettera del 13/9/40 aveva attribuito al suo sistema propulsivo, egli ebbe a replicare il 18/9/40 al Ministero dell'Aeronautica – Direzione Generale delle Costruzioni – Roma: "la confusione con dispositivo ad elica intubata è del tutto fuori luogo per due motivi: primo, perché un compressore assiale a 3 giranti elicoidali in serie è ben

patina of time and the signs of folding as old as 65 years old, been re-cleaned by expert hands so making the faded lines cleare, without moreover altering the original form in any way. Some characteristic graphics have been extracted and grouped together to draw attention to the technical progress made from 1934 to 1941 (as in the case of the four burners and three cabin profiles, etc), so as to condense into a few pages, documentation that is exhaustive. The signature of Ing. Campini and the original stamps have been highlighted wherever possible.

THE CONCEPT OF THE MOTORJET

The Campini-Caproni has every right to be considered the first engine to be completely conceived and built by Italians, which included the jet power unit (which in this particular case was identified with the fuselage called propulsive fuselage), whereas for jet plane was meant an aircraft that flies thanks to an air jet under pressure and at a very high heat. It was propelled by a motor jet or engine unit that the modern engineering dictionaries define thus: "the supercharger is worked by a separate engine, so that all the energy of expansion is used for the work of propulsion; there are therefore two distinct thermodynamic developments, the one, that of the fluid agent in the engine, the other, that of the fluid participation in the process of reaction, which also enables the recovery of a part of the energy possessed by the exhaust gases of the engine". (Dizionario d'Ingegneria (Engineering Dictionary) E. Perucca - vol.4, pages 727-728, 1956 Edition. Voce "Propulsione-Sistema di propulsione a motoreattore Campini" (Propulsion - The propulsion system for the Campini motorjet). Ing. Secondo Campini (Bologna 28/08/1904 - Milan 07/02/1980) (see Appendix no.1) never used the term jet engine for his creation. He simply defined it "Campini's jet system". On 18/09/40 he wrote to the Ministero dell'Aeronautica (Ministry of Aviation), Direzione Generale delle Costruzioni (General Management of the Constructions) in Rome in reply to the the definition of "ducted propeller" (which was then known in English with the term "ducted fan") that Gen. Alfredo Bruno had with his letter of 13/09/40 attributed to his propulsive system: "the confusion with the device of the ducted propeller is way off the mark for two reasons: firstly because an axial-flow supercharger with three mass produced helicoidal impellers is completely different functionally and technically from a propeller and can't in any way be mistaken for this; secondly because the devices with a ducted propeller function in a way that is completely different from that of reaction, in fact in them the rotating organ is only used to produce a clear increase in static pressure and a reduction in volume and not an increase in speed. Constructively speaking then the very small axial-flow supercharger impellers, whose blades were just about 20% the length of the diameter, and fixed distributors were put behind each of these impellers. Fixed rectifiers, which were not so much for the propellers as essentially for the turbines engines" were then put in front of them.

It is obvious that, on taking away the ring from a classic ducted propeller, an aeroplane was perfectly capable of taking off, even if only after a longer

diverso funzionalmente e tecnicamente da un'elica e non può in alcun modo essere confuso con questa; secondo, perché gli apparecchi ad elica intubata hanno un funzionamento completamente distinto da quello a reazione, in essi infatti l'organo rotante serve esclusivamente a produrre un puro aumento di pressione statica ed una diminuzione di volume e non un aumento di velocità. Costruttivamente poi le piccolissime giranti di un compressore assiale, le cui pale sono lunghe appena il 20% del diametro e la cui sistemazione è preceduta per ogni girante da distributori fissi e seguita da raddrizzatori fissi, risultano pertinenti non alle eliche ma essenzialmente alle turbine".

E' chiaro che, togliendo l'anello ad un'elica intubata classica, un aereo potrebbe benissimo decollare, magari dopo un rullaggio più lungo poiché l'anello offre la possibilità di ridurre il diametro dell'elica normale di circa il 25%. Togliendo invece il carter copri-compressore del Campini-Caproni, che pesava ben 4200 kg. al decollo, non si sarebbe mai potuto ottenere una spinta sufficiente nemmeno a smuoverlo. Infatti il compressore aveva un diametro di soli 125 cm ed un aereo di quelle dimensioni e peso avrebbe richiesto un'elica di 3 m. di diametro. Inoltre il mozzo del compressore era di 70 cm di diametro e le cosiddette "pale d'elica" erano delle palette alte appena 27,50 cm, certamente più alte di quelle di un compressore moderno ma di certo non confondibili con quelle di una vera elica intubata.

L'idea del motoreattore, d'altra parte, era stata già preconizzata dal Prof. Maurice Roy, membro dell'Accademia delle Scienze di Francia, insegnante al Centro di Studi Superiori di Meccanica nel 1946, riprendendo studi e descrizioni da lui già pubblicati nel 1930 (Fasc. n.1 delle Pubblicazioni scientifiche e tecniche del Ministero dell'Aria Francese). Ne vide l'applicazione anche in un elicottero sviluppato nel 1935 (Congresso Volta, Roma 1935). Nella sua pubblicazione "Termodinamica dei sistemi propulsivi a reazione e della turbina a gas" (Edizioni Dunod, 1947), dopo aver evidenziato che un'elica in vena libera o circondata da anello fornisce una reazione indiretta, afferma che, se il flusso attraversa il sistema e la variazione della quantità di moto si produce all'interno di esso, si parla di reazione diretta e classifica il motoreattore assieme al turboreattore, al turbopropulsore, allo statoreattore ed al pulsoreattore. Nel motoreattore la combustione si produce in modo discontinuo, mentre negli altri tipi in modo continuo; la compressione è operata da un compressore assiale o radiale mosso da un motore alternativo che forma con esso un motore compensato, cioè che non fornisce energia meccanica all'esterno.

Il Campini, nel suo schema di motoreattore, dopo essersi orientato negli anni 1930-32 verso la soluzione che prevedeva il compressore preceduto da un motore ed interposto moltiplicatore di giri, optò poi per quello a miglior rendimento e che assicurava il miglior lavoro di compressione. Infatti adottò un compressore assiale seguito dal moltiplicatore connesso al motore alternativo raffreddato ad acqua. Subito dopo il compressore, con funzione rigenerativa, era inserito un doppio radiatore che preriscaldava notevolmente l'aria avviata ai bruciatori, con conseguente riduzione nei consumi specifici quando venivano attivati. Mentre la nuova e definitiva sistemazione consentiva di ridurre il lavoro di compressione, di fatto veniva adottato un disegno che si ritrova nelle moderne turbine a gas dove lo scambiatore di calore è di fondamentale importanza.

In conclusione, volendo aggiungere una nota dedotta dalle pubblicazioni del Prof. G.Gabrielli, il compianto progettista di tanti aerei ad elica di successo (come il Fiat G.55) e dell'indimenticabile Fiat G.91, ricordiamo che, classificando i vari tipi di motopropulsori a reazione (o termoreattori), egli identificò il motoreattore di Campini come un "motopropulsore intubato". Infatti il sistema Campini era tutt'uno con la fusoliera che di fatto venne definita come "fusoliera propulsiva". E' quindi solo in tal senso che il sistema di Campini può accettare il predicato di "intubato" e non quello improprio di motore ad "elica intubata" (vedi G. Gabrielli "Denominazioni e rendimento propulsivo ideale dei motopropulsori aeronautici" – 1976).

take off run since the ring offers the possibility of reducing the normal diameter of the propeller by about 25%. By taking away, instead, the compressor casing from the Campini-Caproni, which weighed as much as 4200 kg at take off, it wouldn't ever have been able to obtain enough thrust even to move it. In fact, the compressor only had a diameter of 125 cm and an aeroplane of those dimensions and weight would have required a propeller of 3 m in diameter. Moreover, the compressor hub was 70 cm in diameter and the so-called "propeller blades" were long blades that barely reached 27.5 cm, certainly longer than those of a modern compressor but that certainly couldn't be mistaken for those of a real ducted propeller.

On the other hand the idea of the jet engine had already been predicted by Prof. Maurice Roy, a member of the Science Academy of France, teacher at the Centre for Advanced Studies in mechanics in 1946. He had collected together studies and descriptions already published by him in 1930 (instalment no.1 of the French Air Ministry's scientific and technical publications). It was also in a helicopter developed in 1935 (Volta Congress, Rome). In his publication "Thermodynamics of the jet engine propulsive systems and of the gas turbine systems" (Dunod Edition, 1947), after having made clear that a free spinning propeller or one surrounded by a ring produced an indirect reaction, he stated that, if the flow crossed over the system and the variation in the quantity of movement was produced inside it, one could talk of a direct reaction and place the jet reaction engine together with the jet turbine engine, propeller turbine engine and pulsejet. In the jet reaction engine the combustion was produced discontinuously, while in the other types continuously. The compression is created by an axial-flow supercharger or radial compressor moved by an alternative engine that forms with it an all-watt engine. That is to say that it didn't provide mechanical energy from the outside.

When Campini was designing a gas turbine engine, he had, in the years 1930-32, favoured a solution with a compressor in front of an engine and between them a revolution multiplier. However, he was subsequently to opt for one that would be more efficient and would ensure that the compressor was used to its maximum. In fact he adopted an axial-flow supercharger and in front of it a revolution multiplier connected to a water-cooled alternative engine. A double radiator was inserted just in front of the compressor. It had a regenerating function. It considerably pre-heated the air going towards the burners, with a consequent reduction in specific consumption when it was activated. While the new and definitive arrangement allowed for a reduction in the compression work, in fact a design was used that is now found in the modern gas turbines where the heat exchanger is of fundamental importance.

In conclusion, if we want to add a note deduced from Prof. G. Gabrielli's publications, who was the much lamented designer of many successful propeller aircraft such as the Fiat G.55 and the unforgettable Fiat G.91, it is to remember that on classifying the various types of propeller based jet engine units (or the gas turbine engines) he identified Campini's jet engine as a "ducted propeller worked engine unit". In fact, Campini's system was totally integrated with the fuselage, so much so that it was defined as the "propelled fuselage". It is therefore only in this sense that Campini's system can accept the title of "ducted" and not the improper one of engine "with a ducted propeller" (see G. Gabrielli "Denominazioni e rendimento propulsivo ideale dei motopropulsori aeronautici" - 1976) (Denominations and the ideal propulsive efficiency for aviation propeller powered engine units - 1976).

PRECURSORI DEL MOTOREATTORE

René LORIN. Per quanto Campini, nei suoi studi, facesse riferimento alle considerazioni teoriche elaborate anche dal francese Lorin nel 1913, ha un certo interesse storico citare una proposta risalente al 1908, per quanto non paragonabile al motoreattore Campini per assenza di diversi elementi caratteristici. Il sistema del tecnico francese prevedeva una curiosa batteria di scarichi divergenti attraverso i quali, espandendosi, passavano i prodotti di combustione di un motore alternativo. L'idea di Lorin era di installare un motore pluricilindrico entro le ali di un aereo; ne sarebbe comunque risultata una macchina inefficiente poichè il sistema avrebbe fornito una spinta addirittura inferiore al peso del motore, in considerazione della modesta quantità d'aria coinvolta, corrispondente a quella necessaria al funzionamento del motore alternativo.

Ing. Cosimo CANOVETTI (Firenze 1857-Gardone 1932). Nel 1884, in uno studio presentato alla Società degli ingegneri civili di Parigi, espose i principi di base che, nel 1909, lo condussero a presentare all'Esposizione di aviazione di Milano un modello in scala 1:3 di un propulsore a reazione. Continuò poi ad insistere sulla propria idea presso i possibili utilizzatori di un tale propulsore in Italia, ma invano. Si rivolse allora all'estero, in Francia, in Inghilterra, negli Stati Uniti, destando ovunque, però, scarso interesse e ricevendo risposte elogiative ma elusive. Nessuno avviò lavori per sperimentare nella pratica la bontà delle sue idee tanto che, nel 1931, si rivolse ancora all'Italia, impegnandosi a Milano, presso l'Alfa Romeo, in una serie di prove del suo propulsore, concluse con risultati interessanti e ciò a distanza di pochi mesi dalla sua morte.

Ing. Henri-Marie COANDA (Bucarest 1886-1972). Lo strano biplano di Coanda fu esposto al 2° Salone dell'Aviazione a Parigi dal 15/10 al 2/11/1910 e non mancò allora di sollevare vivo interesse nei circoli aeronautici. Il sistema propulsivo era costituito da un compressore centrifugo che, attraverso un moltiplicatore di giri ad ingranaggi, era connesso ad un motore a quattro cilindri in linea, raffreddato ad acqua, modello Clerget da 50 CV. Il regime massimo era di circa 4000 giri al minuto e si stima che la spinta statica fosse di 220 kg. Anteriormente all'imboccatura del compressore era montato un parzializzatore del

Schema Lorin nel quale il getto propulsivo è prodotto dal cilindro di un motore a scoppio.

The Lorin layout in which the propulsive jet is produced by the cylinder of a gas engine.

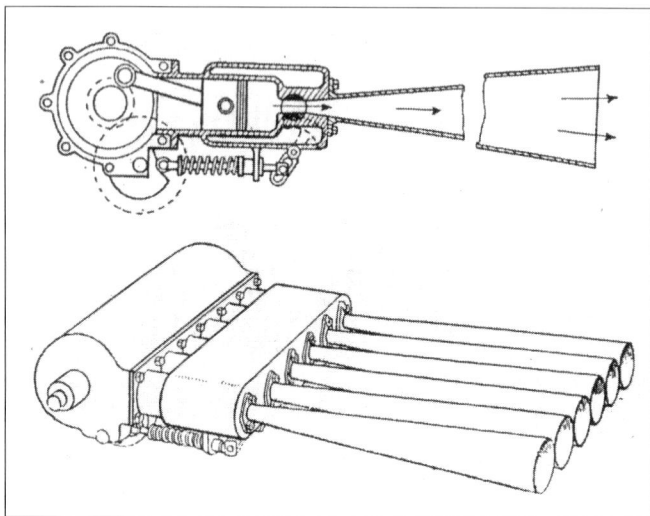

PREDECESSORS OF THE MOTORJET

René LORIN. As for Campini, in his studies, he also referred to the theoretical considerations elaborated by the Frenchman Lorin in 1913. It is historically interesting to cite a proposal dating back to 1908, even though it can't be compared to Campini's motorjet because of the absence of several characteristic elements. The French technician's system planned for a curious battery of diverging exhausts through which on expanding would pass the products from the combustion of an alternative engine. Lorin's idea was to install a multicylindrical engine between an aeroplane's wings. However, it would have been an inefficient machine since the system would have provided thrust even below that of the engine's weight, taking into consideration the meagre amount of air involved, which would have been necessary to make the alternative engine work.

Ing. Cosimo CANOVETTI (Florence 1857 - Gardone 1932). In a study presented to the Society of Civil Engineers in Paris, Canovetti explained the basic principles that in 1909 led him to present a model of a jet power unit on a scale of 1:3 at the Milan Air Show. He then continued to try and interest those who might have had use for such a power unit in Italy but in vain. Then he turned his attention abroad to France, Britain, and the United States, arousing everywhere, however, little interest and receiving flattering but elusive replies. Nobody started experimenting with his good ideas trying to put them into practice, so much so that, in 1931, he turned again to Italy where working in Milan with Alfa Romeo, he made a series of tests on his power unit. They ended a few months before his death and had interesting results.

Propulsore Canovetti presso l'Alfa Romeo nel 1931.

Canovetti's power unit was at Alfa Romeo in 1931.

Ing. Henri-Marie COANDA (Bucharest 1886 - 1972). Coanda's strange biplane was displayed at the 2nd Paris Air Show from 15/10/1910 to 02/11/1910 and even then there was no lack of keen interest in aviation circles. The power system was made up of a centrifugal compressor that by means of a revolution multiplier with gears was connected to a Clerget 50 HP watercooled four cylinder in line engine. The peak rpm was about 4000 revolutions per minute and it was estimated the static thrust was 220 kg. An iris air-flow regulating

Schema del sistema propulsivo ideato da Coanda.

Layout of the propulsive system invented by Coanda.

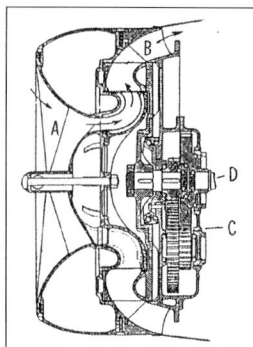

flusso d'aria ad iride apribile simile a quello delle macchine fotografiche. Il tutto era inserito quasi totalmente in un carter a forma di imbuto tronco-conico con la sezione minore davanti. Il flusso freddo prodotto dal compressore andava a sommarsi al modesto contributo di 5-6 kg di spinta fornito dallo scarico del motore termico. L'aereo di Coanda aveva 11 m di apertura alare e 12,50 m di lunghezza. Il peso lordo al decollo era di 500 kg.

A - Compressore radiale/*Radial compressor*
B - Scarico aria compressa/*Compressed air discharge*
C - Moltiplicatore di giri/*Revolution multiplier*
D - Innesto del motore/*Engine clutch*

ELICHE INTUBATE

R. BERTRAND. La macchina di Bertrand, un monoplano chiamato UNIC No.I R.B., esposto al 2.o Salone dell'Aviazione di Parigi nel 1910 assieme alla macchina di Coanda , anticipava il concetto elaborato dal nostro Mattioni (vedi sotto). Costruito a Sartorj (Francia), disponeva di un motore Labor-Picher da 31 CV che azionava due eliche, una posta all'estremità anteriore di una fusoliera cilindrica di 2 m di diametro e 5 m di lunghezza, l'altra a quella posteriore con effetto spingente. Ruotando nello stesso senso esse producevano un effetto ribaltante, probabile causa principale del mancato decollo dell'aereo del quale sono noti solo diversi rullaggi sul campo. Con alettoni equilibratori posizionati sul davanti della cellula similmente al "Flyer" dei fratelli Wright, l'apparecchio misurava 13,30 m di apertura alare ed una lunghezza complessiva di 11,80 m.

JOURDAN. Negli anni 1910-1911 fu costruito in Francia un monoplano a fusoliera tubolare azionato da un motore Gnome da 50 CV. Fu sviluppato con tre diversi interventi di modifica, l'ultimo dei quali prevedeva un mezzo "tubo" o "tunnel aerodinamico" collocato sopra la fusoliera ed il pilota alloggiato dietro ad esso. Sul campo di aviazione di Jouvisy compì numerosi rullaggi senza tuttavia levarsi in volo, evidentemente perché al primo cenno di stacco si evidenziavano quei fenomeni di instabilità laterale e di non esatto centraggio del baricentro che anche il nostro Mattioni avrebbe sperimentato nella versione iniziale della sua macchina.

Antonio MATTIONI (Cividale del Friuli 20/6/1880-Udine 11/1/1961). L'aereo ideato da Mattioni, conosciuto come "Botte volante", consisteva in una fusoliera a forma di largo tubo con funzione di tunnel aerodinamico

device that was opened like that of a camera was mounted in front of the opening of the compressor. It was almost all inserted in a casing with the form of a truncated funnel with the smaller section in front. The cold flow produced by the compressor ended up adding to the modest 5-6 kg of thrust provided from the exhaust of the heat engine. Coanda's aeroplane had a wing span of 11 m and a length of 12.5 m. The gross weight at take off was 500 kg.

L'aereo di Coanda esposto a Parigi nel 1910

Coanda's aeroplane was in Paris in 1910.

THE DUCTED PROPELLERS

R. BERTRAND. Bertrand's machine, a monoplane called UNIC no.1 R.B., which was displayed at the 2nd Paris Air Show in 1910 together with Coanda's machine, was the forerunner of a concept elaborated by our own Mattioni (see below). It was built in Sartorj (France) and had a 31 HP Labor-Picher engine that activated two propellers, one placed at the far front end of a cylindrical fuselage 2 m in diameter and 5 m in length and the other at the far rear end with a pushing effect. Rotating in the same direction they produced an overturning effect, probably the main reason why the aeroplane didn't take off. The aeroplane made several take- off runs on the airfield, this much is known. The aeroplane, with its well-balanced ailerons placed in front of the cell, was similar to the "Flyer" of the Wright brothers; the aircraft had a wing span of 13.30 m and an overall length of 11.8 m.

JOURDAN. It was a monoplane with a tubular fuselage powered by a 50 HP Gnome engine and was built in France in the years 1910-1911. During the development three different modifications were made to the plane. The last of these was for a half "tube" or an "aerodynamic tunnel" to be placed on a fuselage with the pilot accommodated behind it. Jouvisy tried numerous times to take off with his aircraft but he never succeeded. This was obviously because every time the critical point of

L'aereo Bertrand all'interno di un hangar all'esposizione di Parigi del 1910.

Bertrand's aeroplane was inside a hangar at the Paris Air Show in 1910.

all'interno del quale era situato un motore rotativo Gnome-Rhone da 80 CV azionante un'elica trattiva a due pale che girava sul filo dell'imboccatura del tubo stesso. Subito dietro il motore un dispositivo poteva aumentare o ridurre il flusso d'aria aspirata che, attraversando i cilindri surriscaldati del motore ed unitamente ai gas di scarico, aumentava la velocità di circa il 30% per il principio del tubo Venturi. Dopo i rullaggi del 1922 sul Campo di Marte di Firenze ed alcune sostanziali modifiche, effettuò il primo volo il 29/12/1923 pilotato dal collaudatore Vasco Magrini. Nel modello successivo a quello del 1923, che aveva creato alcune pericolose difficoltà a detto collaudatore, venne ridotta la lunghezza del "tubo-fusoliera" ed introdotta una rudimentale "valvola aerodinamica", composta da una dozzina di lamelle triangolari mobili che permettevano di modulare il flusso dell'aria. In posizione di "tutto chiuso" si otteneva un effetto frenante in atterraggio, quasi a precorrere i moderni "inversori di spinta". Nel biennio 1924-25 furono eseguiti numerosi altri voli che rivelarono le notevoli capacità STOL della macchina che peraltro non potè essere ulteriormente sviluppata per motivi economici.

Ing. Luigi STIPA (Appignano del Tronto 30/11/1900-Ascoli 9/1/1992). Costruito dalla Caproni, l'aereo di Stipa era simile al monoplano Mattioni. Il motore era un De Havilland Gipsy III da 120 CV con cilindri raffreddati ad aria, sospeso nel centro del tunnel della fusoliera, azionante un'elica bipala trattiva che ruotava davanti all'apertura anteriore del cilindro. Interiormente, la sezione della fusoliera dapprima diminuiva e quindi aumentava verso il retro, sfruttando in tal modo la legge fisica del Bernoulli; per aumentare la temperatura dell'aria convogliata nel tunnel, dietro al motore era sistemata una resistenza elettrica. L'aereo fu collaudato con successo a Taliedo il 7 Ottobre 1932. Ulteriori prove e valutazioni furono eseguite dalla Regia Aeronautica al Centro studi ed esperienze di Montecelio. L'aereo, chiamato "aereo con ala a turbina" dal suo ideatore, è generalmente noto come Caproni-Stipa.

take off was reached, he noticed signs of lateral instability and the indication of an inexact centre of gravity. Also our very own Mattioni had had the self same problems with the first version of his aircraft.

Antonio MATTIONI was born at Cividale del Friuli on 20/06/1880 and died at Udine on 11/01/1961). The aeroplane designed by Mattioni was known as the "Flying Barrel" and consisted of a fuselage in the form of a wide tube, which had the function of a wind tunnel and on the inside of which an 80 HP Gnome - Rhone rotary engine was placed. The engine activated a two bladed tracto propeller that span round at the mouth of the tube itself. Right behind the engine a device could increase or reduce the flow of air sucked in, which crossing over the overheated engine cylinders and together with the exhaust gases increased the speed by about 30% owing to the Venturi tube principle. It carried out its first flight on 29/12/1923 piloted by the test pilot Vasco Magrini following the take-off run at Campo di Marte in Florence and some substantial modifications. On the model that followed that of 1923, which had created some dangerous situations for the above-mentioned test pilot, the length of the "fuselage tube" was reduced and a rudimentary aerodynamic valve was fitted in, it consisted of about a dozen movable rectangular blades that allowed for the regulation of the airflow. In the totally closed position a braking effect was obtained on landing, which almost anticipated the modern "thrust reversers". In the two year period 1924-25 numerous other flights were carried out that showed the considerable STOL capacity of the machine, which, moreover, couldn't be developed further because of financial difficulties.

Ing. Luigi STIPA was born at Appignano del Tronto on 30/11/1900 and died at Ascoli on 09/01/1992. The Stipa aeroplane, built by Caproni, was similar to the Mattioni monoplane. It had a De Havilland Gipsy III 120 HP air-cooled cylinder engine, which was positioned in the centre of the fuselage tunnel and

Il Caproni-Stipa

The Caproni-Stipa is shown.

La cosiddetta "Botte volante" di Mattioni

This is Mattioni's so-called "Flying Barrel"

Trittico dell'aereo di Stipa.

We can see a triptych of Stipa's aeroplane.

STIPA (1932)

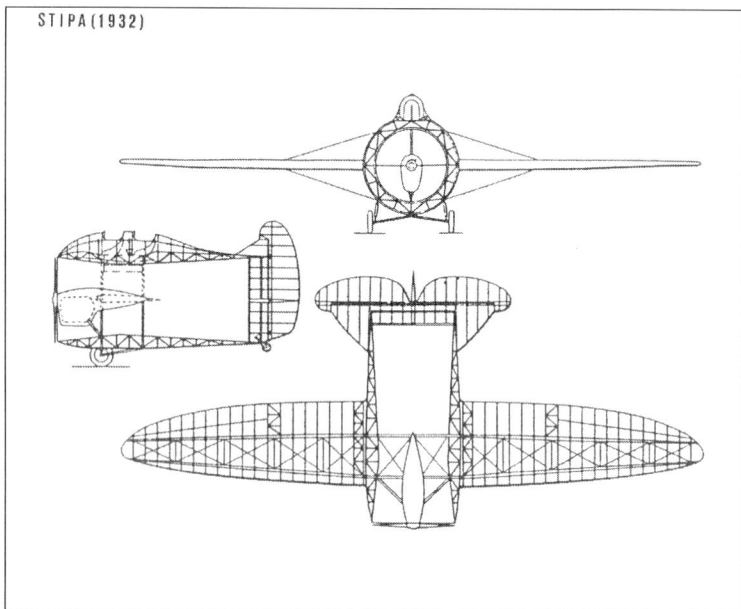

PROGETTI ANALOGHI STRANIERI

Per quanto il sistema propulsivo del Campini abbia subito molte critiche distruttive sia al tempo della sua realizzazione che nel dopo-guerra a turbogetto pienamente affermato, resta il fatto che all'estero vi furono diverse imitazioni con varianti più o meno promettenti. In Gran Bretagna lo stesso Whittle, padre del primo turbogetto britannico, aveva depositato nel 1936 un brevetto relativo ad un motoreattore a doppia circolazione. In Germania poi le imitazioni furono due. La famosa fabbrica di aeroplani Junkers aveva depositato un brevetto, del quale non si conosce il progettista, che prevedeva un motore a cilindri in croce raffreddato ad aria azionante un compressore assiale, rimasto evidentemente solo sulla carta. Questo probabilmente era il brevetto del 1932 cui Campini si riferiva parlando delle difficoltà incontrate nel far registrare in Germania, il 20/5/37, il suo brevetto n. 46722 che di fatto fu respinto. Ancora in Germania, presso la ditta Heinkel-Hirth nel periodo 1940-42, a cura del Dr. Max Bentele furono sviluppati i pro-getti e testati alcuni elementi componenti riguardanti tre modelli di motoreattori (He.S50z, He.S50d ed He.S60). Essi prevedevano l'uso di motori da 1000 e 2000 CV (anche diesel), con moltiplicatori di giri che portavano i compressori a 6000 giri/minuto e spinte da 850 a 1800 kg, tanto da pensare di usare tali motoreattori come propulsori alternativi sul bombardiere Me.264 "Amerika".

Anche negli Stati Uniti d'America, come è stato scoperto recentemente, il

worked a two bladed tracto propeller that rotated in front of the forward opening of the cylinder. On the inside, the fuselage was at first reduced and then increased towards the back, making the most of Bernoulli's physical law in this way. An electric resistance was placed behind the engine to increase the temperature of the air flowing towards the tunnel. The aeroplane was successfully test flown at Taliedo on 7 October 1932. Further tests and evaluations were carried out by the Regia Aeronautica at the Centre for Studies and Experiments in Montecelio. The aeroplane, which was called "aeroplane with the turbine wing" by its creator, is generally known as Caproni-Stipa.

SIMILAR FOREIGN PROJECTS

Although Campini's propulsive system had many severe critics both at the time of its creation and in the post-war period when the turbojet was fully accepted, it remains a fact that there were abroad several imitations with more or less promising variations. In Britain Whittle himself, the father of the first turbojet, had in 1936 deposited a patent relating to a double-circulation gas turbine engine. Then there were two imitations in Germany. The famous Junkers aeroplane factory had deposited a patent for an air-cooled cross shaped cylindrical engine that would have activated an axial-flow supercharger. The designer was unknown. However, obviously it only remained at the design stage. This was probably the patent of 1932 that Campini referred to when talking about the difficulties encountered in trying to get his patent no. 46722 registered in Germany. This was on 20/05/37. He was in fact unsuccessful. Yet again in Germany, the projects concerning the three gas turbine engines (He. S50z, He. S50d and He. S60) were developed and some component elements were tested by Dr Max Bentele at the Heinkel – Hirth Company in the period 1940-42. They planned for the use of 1000 and 2000 hp engines (also diesel), with revolution multipliers, that gave the compressors 6000 revolutions per minute and thrust of from 850 to 1800 kg, so much was this that it was decided to use these gas turbine engines as alternative power units on the Me. 264 "Amerika" bomber.

Also in the United States of America, as has been discovered recently, the system invented by Campini was the subject of studies at the NACA (known at present as NASA). We should remember that Campini's patent, with no. 2024274, was deposited in the United States on 30/08/1932 and approved on 17/12/1935.

Brevetto Whittle:
B - compressore elicoidale anteriore; C - turbina a gas; E - motore a benzina; F - compressore secondario; A - ugello di scarico posteriore.

The Whittle patent: B-forward helicoidal supercharger; C-gas turbine; E-petrol engine; F-secondary compressor; A-rear exhaust nozzle.

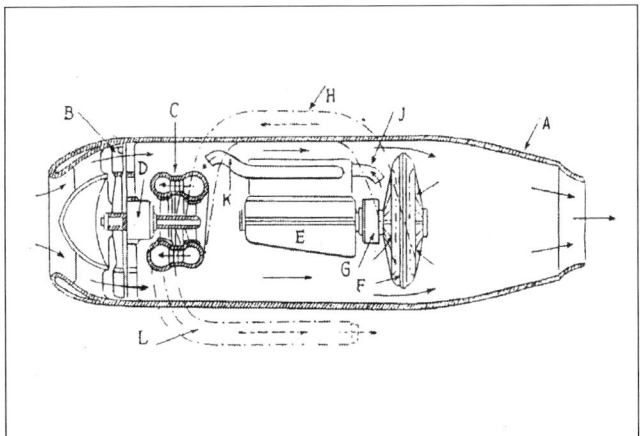

sistema ideato da Campini fu oggetto di studi presso la NACA (attualmente nota come NASA). Ricordiamo che il brevetto Campini, col n. 2024274, era stato depositato negli Stati Uniti in data 30/8/1932 ed omologato il 17/12/1935. L'aereo, progettato dal Dr. William F. Durand della NACA, prese il nome di "Progetto X" e fu studiato dal 1941 al 1943; prove furono condotte nella galleria di Langley con un modello in scala 1:5 ed il sistema propulsivo (compressore-motore-bruciatore) fu anche provato al banco, dal Febbraio 1942, con risultati molto promettenti; utilizzando un motore radiale Pratt & Whitney R1535 Twin Wasp Junior da 825 CV era stata calcolata una velocità di ben 885 Km/h! Le dimensioni sarebbero state: lunghezza 9,57 m, apertura alare 12,62 m; impennaggi a farfalla (con una variante dotata di impennaggi tradizionali). Gli esperimenti furono comunque interrotti il 15/4/1943, non perché la proposta non fosse valida ma perché superata dalla realizzazione del primo aereo a reazione degli Stati Uniti, il noto Bell XP-59 Airacomet, che usufruiva di un vero turbogetto.

Come detto, i brevetti di Campini, oltre che in altri Paesi, furono depositati anche in Giappone. La domanda di brevetto portava il n. 9356 e fu depositata il 20 Settembre 1932; il brevetto fu registrato il 22 dello stesso mese col n. 9732 sotto forma di modello di utilità. Verso la fine del conflitto mondiale il Giappone, visto l'insuccesso nel creare un proprio turbogetto, riprese l'idea del motoreattore Campini, in particolare quello illustrato nel brevetto del 1931. Opportunamente modificato invertendo la collocazione degli elementi tecnici costitutivi, passando da un motore raffreddato ad aria ad uno raffreddato ad acqua, i giapponesi pensarono di utilizzare detto motoreattore, ribattezzato TSU-11, per la propulsione di uno dei loro aerei suicidi, precisamente per lo Yokosuka MXY8 "Ohka" modello 22 ovvero "Baka" 22. Di questo "kamikaze" furono costruiti circa 50 esemplari, la maggior parte dei quali fu trovata ancora nella catena di montaggio della Yokosuka. L'unica prova pratica nell'estate 1945 fu effettuata con sgancio dall'aereo-madre, un bimotore P1Y1 "Ginga", con esito fallimentare dovuto all'imprevisto distacco di uno dei due

L'unico Ohka 22 esistente è quello ricondizionato e conservato nel National Air & Space Museum di Washington, U.S.A.

The Ohka 22 that has been reconditioned and kept in the National Air and Space Museum in Washington, U.S.A., is the only one existing.

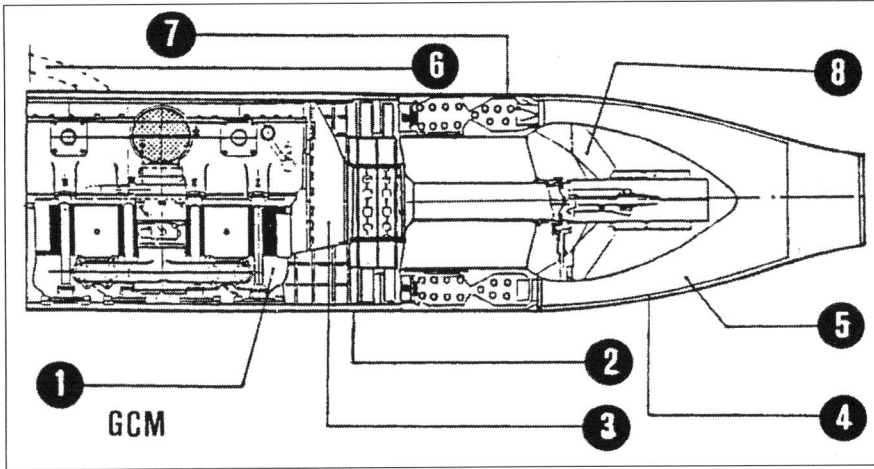

We can see the layout of the TSU-11 motorjet.

The aeroplane, designed by William F. Durand of NACA, took the name of "Project X" and was studied from 1941 to 1943; tests were conducted in the wind tunnel at Langley with a model on a scale of 1:5 and the power unit system (compressor – engine – burner) was again bench tested from February 1942 with very promising results. A twin Pratt and Whitney R1535 Wasp Junior 825 HP radial engine was used and a speed of as much as 885 km/h was recorded! The dimensions would have been: length 9.57 m; wing span 12.62 m; a butterfly tail unit (with a variant equipped with traditional empennages). However, the experiments were interrupted on 15/04/1943 not because the project hadn't been successful but because it had been overtaken by the production of the first American jet plane, the well-known Bell XP-59 Airacomet, which made use of a real turbojet engine.

As has been said, Campini's patents, besides being in other countries, were also deposited in Japan. The request for a patent had the number 9356 and was deposited on 20 September 1932; the patent was registered on the 22nd of the same month and had the number 9732 as the one to use for a model. The Japanese had failed to create their own turbojet, so towards the end of the world war they turned their attention again to Campini's motorjet.

They were particularly interested in the one illustrated in the patent of 1931. The Japanese thought about using the above-mentioned jet engine, renamed TSU-11, after appropriately modifying it by inverting the positioning of the technical elements from which it was formed, for the propulsion of one of their suicide aeroplanes, the Yokosuka MXY8 "Ohka" model 22 or "Baka" 22 to be precise. About 50 examples of this "kamikaze" were built; most of them were still on Yokosuka's production line at the time. The only practical test was carried out in the summer of 1945, when the aircraft was unhooked from the mother-aircraft, a twin-engined plane the P1Y1 "Ginga", the result was a failure due to the unexpected dropping away of one the two extra rockets mounted on the Baka's sides and intended to ensure the initial boost. However, the

razzi supplementari montati sui fianchi del Baka e destinati ad assicurare l'impulso iniziale. L'aereo aveva comunque dimostrato, alla fine del conflitto, prestazioni deludenti con spinta troppo bassa e consumi rilevanti per cui il progetto fu abbandonato.

Lo schema funzionale del motoreattore giapponese TSU-11 prevedeva i seguenti componenti: 1) motore in linea Hitachi Hatsukaze GK4A da 110 CV raffreddato ad aria; 2) compressore assiale bistadio a palette fisse; 3) moltiplicatore di giri; 4) involucro esterno in acciaio; 5) scarico dei gas; 6) presa d'aria motore Hitachi; 7) camera di combustione anulare; 8) bulbo terminale di scarico. Per quanto il gradiente termico risultasse il doppio che nel motoreattore Campini, la spinta era piuttosto bassa in rapporto al consumo specifico che era invece altissimo.

Non va dimenticato il fatto che i giapponesi avevano ritenuto, almeno in un primo tempo, di usare la formula Campini anche per la propulsione del loro primo aviogetto, il Nakajima J8N1 "Kikka". Poiché per questo progetto, piuttosto consimile al bireattore tedesco Me. 262, era prevista la formula bimotore, si ha ragione di ritenere che i tecnici giapponesi fossero al corrente dello schema funzionale studiato per i bireattori Campini proposti nel 1942 al Ministero dell'Aeronautica; tale schema prevedeva il motore alternativo raffreddato ad acqua in fusoliera, dietro il posto di pilotaggio, e nelle ali due "Unità Campini" composte da un compressore assiale tristadio e da un sistema di bruciatori in funzione di incrementatori di spinta per decollo, salita rapida e combattimento. Un rinvio ad ingranaggi connetteva tali unità propulsive al motore alternativo.

PRIMI STUDI ED ESPERIENZE

Secondo Campini, bolognese di nascita (1904) ma piemontese in quanto ad origini famigliari, si laureò con lode ingegnere civile al Politecnico di Bologna il 17/11/1928 ma già nel 1927 aveva iniziato studi teorici sulle maggiori possibilità offerte dalla propulsione a getto (con un motore da lui definito "motopropulsore a reazione") rispetto a quelle sino ad allora ottenibili dalla propulsione ad elica, per quanto entrambe basate sullo stesso principio newtoniano. Tali studi sfociarono in una monografia tecnica in tre parti delle quali, nel 1930, furono pubblicate soltanto le prime due sulla rivista "L'Areonautica". La prima parte comparve sui numeri 8-9-10 di detta rivista e la seconda sui numeri 10-11-12, raggruppate sotto il titolo "Caratteristiche e possibilità della propulsione a reazione". La terza parte, integrata da molti riferimenti di origine sperimentale emersi dalla sua collaborazione con la ditta Aeroplani Caproni a partire dal 1934 (dopo aver ricevuto dalla Regia Aeronautica un incarico ufficiale di fornitura relativo ad un suo progetto del 1933), fu pubblicata soltanto nel Gennaio 1938 sulla rivista "L'Aerotecnica" del Ministero dell'Aeronautica.

Abbandonato nel 1931 ogni altro interesse professionale collaterale, per realizzare praticamente le sue idee e sfruttarle anche commercialmente, nello stesso anno Campini fondò a Milano, con due suoi fratelli (uno dei quali era ufficiale pilota della Regia Aeronautica), la società di progettazione e costruzioni V.E.N.A.R. (Velivoli e Natanti a Reazione), poi divenuta Ditta "Secondo Campini, Velivoli e Natanti a Reazione (VENAR)".

Se una sua proposta di costruzione di aerei e motoscafi a reazione non era stata accolta nel 1930 negli ambienti finanziari ed industriali privati, per contro il Ministero dell'Aeronautica gli commissionò, nell'aprile 1931, la fornitura di un motoscafo ad idrogetto per prove comparative, rinviando a dopo il collaudo la costruzione degli aviogetti proposti. Si trattava dunque della prima realizzazione della società V.E.N.A.R., portata a termine tra luglio e dicembre 1931 dalla Ditta Costruzioni Meccaniche Riva di Milano – Ing. Uccelli (per quanto riguarda il sistema propulsivo composto da motore marino a 6 cilindri da 90 CV che azionava una pompa centrifuga a due mandate con aspirazione dell'acqua da fessura sul

aeroplane had shown, at the end of the war, a disappointing performance with too low a thrust and excessive consumption so the project was abandoned.

The functional layout of the Japanese TSU-11 motorjet planned for the following components: 1) a Hitachi Hatsukaze GK4A 110 HP air-cooled in-line engine; 2) a two-stage axial-flow supercharger with stator blades; 3) revolution multiplier; 4) external steel casing; 5) gas exhaust; 6) Hitachi engine air-intake; 7) annular combustion chamber; 8) terminal bulb exhaust. Although the thermal gradient was double that of Campini's motorjet, the thrust was rather low compared to the specific consumption, which was instead very high.

We shouldn't forget that the Japanese had thought, at least at first, about using Campini's formula also for the propulsion of their first jet aircraft, the Nakajima J8N1 "kikka". The twin-engined formula was planned for this project since it was quite similar to the German twin-engined Me. 262. The Japanese technicians must have known about the functional layout studied for the Campini twin-jet planes proposed to the Ministero dell'Aeronautica in 1942. This layout was for the alternative water-cooled engine to be placed in the fuselage, behind the pilot's seat, and for two "Campini units" composed of a three-stage axial-flow supercharger to be in the wings and for a system of burners functioning as boosters for the thrust at take off, in a steep climb and in combat. A back gear connected these propulsive units to the alternative engine.

THE FIRST STUDIES AND EXPERIMENTS

Secondo Campini, Bolognese by birth (1904) but Piemontese for what regards his family's origins, graduated with a first-class honours degree in civil engineering at Bologna Polytechnic on 17/11/1928, but in 1927 he had already started theoretical studies on the greater possibilities offered by jet propulsion (with an engine defined by him as "jet engine propulsion") compared to those up to then obtained by propeller propulsion, although both were based on the same Newtonian principles. These studies contributed to making up a technical monograph in three parts of which, in 1930, were published only the first two in the magazine "L'Aeronautica". The first part appeared in issues 8, 9 and 10 of the above-mentioned magazine and the second in issues 10, 11 and 12, and were grouped together under the title "Caratteristiche e possibilità della propulsione a reazione" (The characteristics and possibilities of jet engine propulsion). The third part, integrated with many references of an experimental origin, emerged from his collaboration with the Aeroplani Caproni Company (Caproni Aeroplanes) from 1943 (after being given the official post of provider of information about his project by the Regia Aeronautica in 1933). It was only published in the Ministero dell'Aeronautica magazine "L'Aeronautica" in January 1938.

In 1938 he abandoned all other professional collateral interests to put his ideas into practice and get something out of them commercially. In the same year, Campini founded with his two brothers (one of whom was an officer pilot in the Regia Aeronautica) the planning and construction company V.E.N.A.R. (Velivoli e Natanti a Reazione) (Jet Engine Aircraft and Boats) in Milan. It then became the company "Secondo Campini, Velivoli e Natanti a Reazione (VENAR)" (Secondo Campini, Jet Aircraft and Boats). Even if his proposal to build jet engine aeroplanes and motorboats wasn't favourably received in the private financial and industrial circles in 1931, on the other hand the Ministero dell'Aeronautica commissioned from him, in April 1931, the supply of a hydrojet boat for comparative tests, asking him to put off until after the test the building of the jet aircraft proposed. Therefore it was the V.E.N.A.R. Company's first creation and was completed between July and December 1931 by the Costruzioni Meccaniche Riva (Sea shore Mechanical Constructions) Company - under the charge of Ing. Uccelli (for what concerned the propulsive system consisting of a 90 hp six cylinder marine engine that activated a two delivery centrifugal pump with the water being

fondo del motoscafo) e dalla Ditta Cantieri Cinti di Venezia (che fornì i due scafi, uno dei quali a scopo comparativo era spinto da elica marina convenzionale). I due motoscafi furono collaudati a Venezia nel bacino di S.Marco nel 1932, superando i 28 nodi di velocità e dimostrando la validità dei principi e la concordanza tra calcoli e risultati. Alle prove dell'aprile 1932 intervenne anche il Duca di Genova, mentre il Ministero della Marina interessò la V.E.N.A.R. per lo studio di un siluro, uno scafo ricupera-siluri, un M.A.S. ed una torpediniera, tutti col medesimo sistema propulsivo. Nonostante il successo delle prove nella laguna veneta, nel 1933 il Ministero della Marina vietò per iscritto la vendita dei motoscafi ad idrogetto (primi idrogetti nella storia) per motivi di segretezza militare. Comunque per Campini, a partire dall'anno successivo, avrebbe avuto inizio un periodo denso di avvenimenti che lo avrebbero inserito definitivamente nella storia dell'aviazione italiana.

BREVETTI E PROGETTI

Di pari passo con le sue pubblicazioni l'ing. Campini provvide a depositare i suoi brevetti. Quelli depositati in Italia furono due, entrambi relativi a dispositivi di propulsione a reazione sia per aeromobili che per natanti.

Il primo, col n. 295813, fu depositato il 20/1/1931 ed omologato il 30/4/1932; il Campini lo definiva progetto "fondamentale". Nel disegno ad esso allegato venivano presentate diverse possibili applicazioni del sistema a motoreattore; tra esse notiamo due diversi aviogetti con presa d'aria anulare. In uno di essi il motore, presumibilmente con cilindri in linea, muoveva due compressori radiali centrifughi in serie situati posteriormente ad esso; seguiva un bruciatore profilato ed una spina mobile allo scarico. Nel secondo schizzo veniva illustrata una proposta che ricalcava in sostanza il sistema propulsivo già ideato dal Coanda nel 1910: un motore stellare, per mezzo di un moltiplicatore, muove un compressore radiale posto sul muso dell'aereo e scarica l'aria compressa attraverso un carter anulare; in coda, con presa d'aria pure anulare, sono sistemati bruciatore e spina mobile che costituiscono un autoreattore supplementare da attivare in velocità. (vedi Appendici n. 2 - 3 e 4).

Il secondo brevetto, numero 318330, depositato il 26/7/1932 ed omologato il 9/6/1934, riguardava un progetto di aviogetto a motoreattore che fu poi brevettato, come detto più sopra, anche negli Stati Uniti col n. 2.024.274 (vedi Appendici n. 5 – 6 – 7). Questo progetto fu erroneamente siglato, a posteriori, C.C.1, forse per giustificare la successiva sigla C.C.2 ma la cosa non poteva aver fondamento. Considerato che C.C. sta per Campini-Caproni (non Caproni-Campini) come semmai avrebbe indicato l'inventore, è evidente che negli anni 1931-32, allorché non esisteva ancora alcun rapporto tra Campini e la Caproni, iniziato invece il 25/5/34, il progetto non avrebbe potuto chiamarsi C.C.1 come invece fu convenzionalmente ma impropriamente chiamato parecchi anni dopo. A proposito di tali sigle lo stesso Campini, in data 4/1/65, scriveva al Gen. Aldo Remondino, Capo di Stato Maggiore dell'Aeronautica Militare, dopo aver visitato uno dei due prototipi esposto al Museo del Volo di Torino sotto la sigla C.C.2, che "l'ambigua sigla C.C.2 induce in errore sulla genesi dell'aereo" e proseguiva dicendo: "questo aereo, oltre ad essere stato una fornitura della mia Ditta (intendesi la VENAR), è stato anche progettato e calcolato esclusivamente dallo scrivente non solo nella parte propulsiva a reazione, ma in ogni sua caratteristica funzionale, aerodinamica e costruttiva. La Società Caproni come mia associata nell'impresa ha posto a mia disposizione locali, attrezzature e mano d'opera per l'esecuzione materiale della fornitura sotto la mia esclusiva responsabilità tecnica, il che non autorizza alcuno a dare all'aereo ormai storico un nome diverso da quello con cui fu contrattato con il Ministero. Tale nome dovrebbe pertanto rimanere sempre quello di "Aeroplano Campini" senza abbreviazioni o sigle ambivalenti".

drawn in from a slit on the bottom of the motor boat) and by the Cantieri Cinti (Cinti Shipyard) Company in Venice (who provided the two boats, one of which was for comparison and was powered by a conventional marine propeller). The two motorboats were tested in Venice at San Marco basin in 1932. They exceeded 28 knots of speed and proved the soundness of the principles and the strict correspondence between calculations and results. Even the Duke of Genoa took part in the tests in April 1932, while the Ministero della Marina interested the V.E.N.A.R in the study of a torpedo, a torpedo recovery motorboat, a M.A.S. and a torpedo-boat, all with an identical propulsive system. In spite of the success of the tests in the Venetian lagoon, in 1933, the Ministero della Marina forbade in writing the sale of the hydrojet motorboats (the first hydrojets in history) because of military secrecy. However, for Campini, starting from the following year, a period full of events would begin that would make him a fixture in the history of Italian aviation.

PATENTS AND PROJECTS

Ing. Campini set about depositing his patents, while his publications were being issued. Two of these were deposited in Italy, both related to the jet engine propulsive devices for both aircraft and boats.

The first, with no. 295813, was deposited on 20/01/1931 and approved on 30/04/1932; Campini defined it a "fundamental" project. Attached to the drawing were several possible applications for the jet engine system; among these we should note two different jet aircraft with an annular manifold annulus. In one of these the engine, presumably with in-line cylinders, moved two mass produced radial centrifugal compressors positioned behind it and further behind there was a streamlined burner and a movable exhaust pin. In the second sketch he illustrated a proposal that in substance closely resembled the propulsive system already invented by Coanda in 1910. It was a radial engine that, by means of a multiplier, moved a radial compressor placed on the aircraft's nose and released the compressed air through an annular casing; on the tail, which even had an annular manifold annulus, there was a burner and movable pin that made up an extra booster to activate at speed (see appendixes nos. 2, 3 and 4),

The second patent, number 318330, deposited on 26/07/1932 and approved on 09/06/1934 concerned a jet aircraft with a motorjet that was subsequently patented, as was mentioned above, also in the United States with no. 2.024.274 (see appendixes nos. 5, 6 and 7). This project was mistakenly initialled C.C.1 after the event, perhaps to justify the subsequent initials C.C.2 but there was no reason for it. Considering that C.C. stands for Campini-Caproni (not Caproni-Campini) as if the inventor wouldn't have pointed this out. It is obvious that in the years 1931-32, when there no longer existed any relations between Campini and Caproni, the project that was begun instead on 25/05/34 couldn't have been called C.C.1, as, instead, it was the practice to call it by mistake several years later. With regard to the initials, Campini himself, on 04/01/65, wrote to Gen. Aldo Remondino, Head of the Aeronautica Militare General Staff, after looking at one of the two prototypes displayed at the Museo del Volo (Flight Museum) in Turin, with the initials C.C.2, that "the ambiguous initials C.C.2 gave the wrong idea about the genesis of the aeroplane" and went on to say "this aeroplane, besides having been delivered by my company in other words the VENAR), was also exclusively planned and worked out by the writer not only in the part that concerns jet propulsion but in all its functional characteristics both aerodynamic and building. The Caproni Company as my associate in the enterprise made locally available to me, equipment and labour for the material completion of the delivery but I had total technical control and didn't authorize anyone to give the by then historical aircraft a name different from the one used when making the contract with the Ministry. Therefore the name should always have remained that of "Aeroplano Campini" (Campini's Aeroplane) without abbreviations or misleading initials".

Il precitato secondo brevetto, comunque, era una migliore messa a punto dei concetti di base ma ancora non era la soluzione definitiva con un motore in linea raffreddato ad acqua, compressore assiale e radiatore. Gli schizzi che lo accompagnavano presentavano due diversi aviogetti di tipo stratosferico con cabina stagna. Il primo prevedeva una presa d'aria frontale, un motore in linea, un ventilatore elicoidale tristadio con statori intermedi, bruciatori del tipo a venturimetro, spina mobile nonché un anacronistico carrello fisso che poco si conciliava con un progetto di velivolo superveloce. Il secondo invece prevedeva una presa d'aria anulare con motore stellare, due compressori radiali in serie, bruciatore, spina mobile e stesso tipo di carrello; gli ugelli di scarico risultavano del tipo convergente-divergente.

Tale secondo aviogetto ed il disegno ad esso relativo furono successivamente citati in vari testi aeronautici a partire dal 1941. Per prime le riviste "Flugwehr und Technik" nn. 7 e 8 del 1941 e la "Rivista Aeronautica" del Dicembre 1941; seguirono "L'Ala d'Italia" dell'1-15/6/42 con l'articolo "L'evoluzione del motore a reazione", quindi l'Accademico d'Italia Prof. Ing. Modesto Panetti sulla rivista "Sapere" del 31/5/42 sotto il titolo "L'aeroplano a reazione". L'inglese G. Geoffrey Smith nella prima edizione del 1942 del volume "Gas Turbines and Jet Propulsion for Aircraft" accennò a tale progetto come fece poi il prof. M.J. Zucrow nel testo universitario del 1948 "Principles of Jet Propulsion and Gas Turbines", raccolta dei corsi di ingegneria del 1943-44. Tutti pubblicarono, seppure con lievissime varianti, anche il disegno di tale aereo ovvero lo schema interno del sistema propulsivo.

In tali primitivi progetti di motoreattore, comunque, il particolare tecnico più significativo era costituito dalla presenza di due compressori centrifughi (anziché uno solo di tipo assiale presente nel progetto esecutivo finale), azionati da un motore alternativo di tipo stellare sistemato subito dopo la presa d'aria; tali compressori apparivano posizionati posteriormente a detto motore, anziché anteriormente. Altro interessante particolare tecnico presente nei brevetti del 1931 e 1932 (soluzione comunque adottata anche nei progetti successivi del 1933, 1936-37 e 1938/40) era dato dalla regolazione del flusso di scarico mediante una spina mobile Doble-Pelton (già allora in uso nelle turbine idrauliche). La lunghezza di tale spina era di 1500 mm, con sezione massima di 710 mm; dalla sezione massima alla punta essa misurava 900 mm.

I brevetti di Campini furono depositati, nel luglio 1932, anche in Francia ed Inghilterra, in agosto 1932 negli Stati Uniti (come suaccennato), in settembre 1932 in Giappone (come detto più sopra – brevetto n. 9732) ed infine in maggio 1937 (brevetto n. 46722) in Germania, con l'esito che conosciamo.

L'ulteriore lunga opera del Campini potrebbe poi sintetizzarsi in 3 diverse fasi, attribuibili grosso modo agli anni 1933, 1936-37 e 1938-40, fasi cui corrispondono altrettanti progetti e disegni.

PROGETTI 1933

Risalgono al 1933 due diversi progetti di Campini, molto più dettagliati dei precedenti, entrambi riferiti ad un "Aeroplano sperimentale a reazione sistema "S. Campini" potenza max. 4000 HP – peso a pieno carico 2500 kg".

Il primo, chiamato Modello C.S. 500-V, biposto, illustrato dai disegni n. V/43/Di e V/44/Di datati 10/3/33, riguarda un aereo ad ala bassa, spinto da un sistema propulsivo, che si ritroverà poi nei 2 prototipi costruiti, composto cioè da un compressore assiale tristadio a palette corte, seguito da un motore alternativo in linea raffreddato ad acqua (che muove il compressore a mezzo di moltiplicatore), e da un bruciatore. Con tale sistema dunque l'aria che investe il compressore è ovviamente fredda mentre risulta preriscaldata dal motore alternativo quella che poi passa alla camera del bruciatore. Quanto alle giranti (sistema rotori-statori), il massimo della velocità di rotazione dipende dalla velocità periferica delle

The above-mentioned second patent, however, was a better attempt to realize the basic concepts but it still wasn't the definitive solution. It had a water-cooled in-line engine, axial-flow supercharger and radiator. The sketches that accompanied it presented two different stratospheric type jet aircraft with a pressurized cabin. The first planned for a frontal air intake, an in-line engine, a three-stage propeller fan with intermediate stators, burners of the venturi metre type, and movable pin as well as an anachronistic fixed landing gear that had little to do with a project for a superfast aircraft. The second instead planned for an annular manifold annulus with a radial engine, two mass produced radial compressors, a burner, a movable pin and the same type of landing gear; the exhaust nozzles were of the converging-diverging type.

This second jet aircraft and the drawing related to it were subsequently mentioned in various aviation texts from 1941. First of all it was mentioned in the magazines "Flugwehr und Technik" issues 7 and 8 in 1941 and the "Rivista Aeronautica" in December 1941; "L'Ala d'Italia" followed with an article "L'evoluzione del motore a reazione" (the development of the jet engine) on 15/06/42 and then it was the turn of the Accademico d'Italia in the person of Prof. Ing. Modesto Panetti in the magazine "Sapere" with the title "L'aeroplano a reazione" (jet aeroplane) on 31/05/42. The Englishman G. Geoffrey Smith in the first edition of the volume "Gas Turbines and Jet Propulsion for Aircraft" in 1942, mentioned the project as Prof. M.J. Zucrow then did in the university text in 1948 "Principles of Jet Propulsion and Gas Turbines", collected together in the engineering courses in 1943-44. They also all published, even if with very slight variations, the drawing of this aeroplane or rather the inner layout of the propulsive system.

In such primitive motorjet projects, however, the most significant detail consisted of the presence of two centrifugal superchargers (rather than only one of the axial type present in the final version of the project) that were activated by an alternative radial type engine positioned right in front of the air intake; these compressors appeared to be placed behind the above-mentioned engine, rather than in front of it. Another interesting technical detail present in the patents of 1931 and 1932 (a solution also adopted, however, in the subsequent projects of 1933, 1936-37 and 1938-40) was given by the regulation of the length of the pin at 1500 mm, with a maximum section of 710 mm; it measured 900 mm from the maximum section to the point.

In July 1932 the patents were also deposited in France and Britain, in August 1932 in the United States (as mentioned above), in September 1932 in Japan (as mentioned above - patent no. 9732) and finally in May 1937 (patent no. 46722) in Germany, with the result that we know.

Campini's last long piece of work could be synthesized in three different phases, roughly corresponding to the years 1933, 1936-37 and 1938-40. These phases had as much to do with the projects as with the drawings.

1933 PROJECTS

Campini's two different projects date back to 1933, much more detailed than the previous ones, both referred to an "Experimental Aeroplane with an "S. Campini" jet engine system with a maximum power of 4000 HP and a full load weight of 2500 kg".

The first, called Model C.S., was a 500-V two seat aeroplane and was illustrated by the drawings nos. V/43/Di and V/44/Di dated 10/03/33. It was a low wing areoplane, powered by a propulsive system, which would then be found in the two prototypes built, that is composed of a three-stage axial-flow supercharger with short blades, in front of it was an alternative water-cooled in-line engine (which moved the compressor by means of a multiplier) and then a burner. However, with such a system the air that hits the compressor is obviously cold while that which then passed to the burner chamber was pre-heated by the alternative engine. As for the impellers (rotor-stator system), the maximum speed of rotation depended on the peripheral speed of the blades and the resistance of the blades themselves to the centrifugal force. Therefore there was a peripheral speed of not more

palette e dalla resistenza delle palette stesse alla forza centrifuga, per cui venne adottata una velocità periferica non superiore all'80% della velocità del suono ambientale (dipendente dalla temperatura dell'aria compressa). Nei suoi documenti Campini parla di una velocità periferica di non oltre 250 m/sec ma a Guidonia, con motore a 2470 giri/minuto, venne raggiunto il valore di 274 m/sec. (vedi Appendice n. 8).

Da notare che, nel progetto C.S. 500-V, il Campini aveva previsto un sistema di parzializzazione del flusso di scarico diverso da quello che aveva indicato nei brevetti del 1931 e 1932, probabilmente temendo di non riuscire a raffreddare in modo sufficiente la spina mobile di coda, problema poi risolto con un flusso d'aria in doppia parete. Si trattava di un ugello di scarico a sezione variabile bidimensionale analogo a quello poi inserito dagli americani, negli anni '90, nel reattore Pratt & Whitney F119-PW-100 da 15890 kg di spinta, applicato al noto caccia Lockheed-Martin F-22. In sostanza la sezione di scarico viene ridotta con pannelli mobili anziché con altri sistemi.

Il secondo progetto del 1933, chiamato Modello C.S. 600 (vedi Appendici n. 9 e 15), pure biposto, risulta dai disegni n. V/45/Di e V/46/Di datati 15/8/33 che illustrano un aereo sostanzialmente eguale al precedente ma assai più dettagliato, con lo stesso schema funzionale che si ritroverà poi nei prototipi costruiti e cioè: presa d'aria frontale con flabelli apribili per presa d'aria supplementare, compressore assiale, questa volta bistadio (con otto pale di diametro 130 cm e mozzo di piccolo diametro), seguito da motore alternativo in linea (dotato di compressore per ristabilimento di potenza in quota), bruciatore a vaporizzazione della benzina posto dopo la cabina stagna e spina-otturatore non ancora del tipo Doble-Pelton; l'ala risulta situata in posizione più alta; il carrello è fisso.

PROGETTO 1936-37: FUSOLIERA SPERIMENTALE

Dopo l'esperimento pienamente riuscito con il motoscafo ad idrogetto a Venezia nel 1932, l'interesse del Ministero dell'Aeronautica per i progetti dell'ing. Campini andò concretizzandosi in una commessa piuttosto impegnativa. Infatti il 5/2/34 la VENAR stipulò un Contratto preliminare con detto Ministero, per la somma di 4.500.000 lire di allora, per la fornitura, entro il 31 dicembre 1936, di una fusoliera sperimentale, completa del sistema propulsivo a motoreattore ideato da Campini, e di due prototipi identici; il contratto, col n. 12 di Repertorio, fu approvato dal Consiglio di Stato con decreto n.433 del 22/2/34 e quindi registrato definitivamente dalla Corte dei Conti il 7/5/34. Esso riguardava il progetto del C.S. 600, come risulta confermato poi dal rapporto di accertamento dei costi steso dal Cap. Arturo Pomarici nel Settembre del 1942 che è anche una sintesi dell'evoluzione tecnica dell'intero programma di progettazione come evidenziano i disegni originali del 1933, del 1936 e del 1939. Non è da dimenticare infatti che dalla firma del contratto alla consegna di uno dei due prototipi al Centro Sperimentale di Volo di Guidonia (Roma) passarono ben sette anni. Considerata comunque l'inadeguatezza della VENAR, che era di fatto uno studio di progettazioni e che difettava pertanto delle necessarie strutture produttive, Campini firmò il 25 maggio 1934 una convenzione con la famosa fabbrica Aeroplani Caproni di Taliedo, proprietaria anche della fabbrica di motori Isotta Fraschini. In base ad essa la Caproni avrebbe di fatto costruito cellule e parti meccaniche speciali (come i moltiplicatori di giri, i bruciatori, ecc.), fornendo la grande esperienza degli ingegneri del suo Ufficio Tecnico, mentre Campini, quale capo-commessa e progettista, avrebbe diretto i lavori sotto la sua responsabilità. Questo progetto, sviluppato tra il maggio 1934 e l'aprile 1937, fu chiamato dal suo ideatore semplicemente "Apparecchio tipo Campini" (senza numeri aggiuntivi); solo successivamente fu considerato con la denominazione "Campini 1".

than 80% of the speed of the environmental sound (depending on the temperature of the compressed air). In his documents Campini talks about a peripheral speed of not more than 250 m/sec but at Guidonia, with the engine at 2470 revolutions per minute, it reached a speed of as much as 274 m/sec (see appendix no.8).

We should note that, in the project C.S. 500-V, Campini had planned for a splitting of the exhaust flow that was different from the one that he had indicated in the patents of 1931 and 1932. He was probably afraid of not managing to cool the movable pin at the tail down enough, a problem that was to be solved by a flow of air in a double wall. This was a two dimensional variable section exhaust nozzle similar to the one that was to be inserted by the Americans into the Pratt and Whitney F119-PW-100 gas turbine engine with a thrust of 15890 kg. This engine was then fitted into the well-known Lockheed-Martin F-22. In short the exhaust section was reduced with movable panels rather than with other systems.

The second project of 1933 was called Modello C.S. 600 (see appendixes nos. 9 and 15). This was also a two seat aeroplane and was derived from the drawings nos. V/45/Di and V/46/Di dated 15/08/33 that illustrate an aeroplane that is very similar to the previous one but much more detailed, with the same functional layout that would then be found again on the prototypes built and that is: frontal air intake, an axial-flow supercharger, this time with two stages (with eight blades of 130 cm in diameter and a hub of a small diameter), in front of it an in-line alternative engine (equipped with a compressor to regain power at altitude), a petrol vaporization burner placed behind the pressurized cabin and a pin-shutter not yet of the Doble-Pelton type; the wing was placed in a higher position; there was a fixed landing gear.

THE 1936-37: PROJECT THE EXPERIMENTAL FUSELAGE

After the wholly successful experiment with the motorboat with the water-jet propeller at Venice in 1932, the Ministero dell'Aeronautica was showing a more and more practical interest in Ing. Campini's projects.

This manifested itself in quite a firm order. In fact, on 05/02/34 VENAR entered into a preliminary agreement with the above-mentioned Ministry for the sum of what was then 4,500,000 lire to provide an experimental fuselage by 31 December 1936. It was to be complete with a motorjet propulsive unit designed by Campini and there were to be two identical prototypes. The contract, registered as no. 12, was approved by the Consiglio di Stato with decree no.433 of 22/02/34 and was therefore finally registered by the Corte dei Conti on 07/05/34. The fact that it was about the C.S. 600 project was to be confirmed by a report looking into the costs and carried out by Cap. Arturo Pomarici in September 1942, which is also a synthesis of the technical development of the entire planning programme as the original drawings of 1933, 1936 and 1939 reveal. In fact, we shouldn't forget that as many as seven years passed from the signing of the contract to the delivery of one of the two prototypes to the Centro Sperimentale di Volo (Experimental Flight Centre) in Guidonia (Rome). However, in view of the shortcomings of the VENAR, which was in fact a place for working on designs and was therefore lacking in the necessary building structures, Campini signed, on 25 May 1934, an agreement with the famous Aeroplani Caproni factory in Taliedo, which was also then the parent company of the Isotta Fraschini engine factory. According to the agreement Caproni would in fact build cells and special mechanical parts (like the revolution multipliers, the burners, etc), making use of the great experience of the engineers of its technical office, while Campini, as the designer and man in charge of the order, would have full responsibility for the work. This project, which was developed between May 1934 and April 1937, was called by its inventor simply "Apparecchio tipo Campini" (A Campini type aeroplane) (without adding any numbers); it was only subsequently that it was given the name "Campini 1".

Due viste del modellino ligneo in scala 1:15 (versione con carrello fisso) per la galleria di Guidonia.

Piccolo modello (lunghezza cm. 56, apertura alare cm. 61), già di proprietà dell'Ing. Campini ed ora conservato al Museo dell'Aviazione di Rimini; esso riproduce in scala ridotta il modello del 1935 (in scala 1:15) nella versione a carrello fisso.

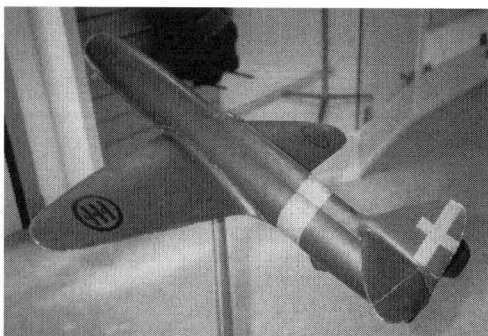

Al termine di una prima rielaborazione del progetto contrattuale del C.S. 600, il 4/3/35 Campini provvide ad inviare al Centro Sperimentale di Guidonia, notissimo per le sue gallerie del vento anche supersoniche, due diversi modellini lignei riproducenti in scala 1:15 il progetto che avrebbe portato a realizzare la fusoliera di prova. I modelli, della lunghezza di circa 80 cm, avevano la fusoliera cava con interno liscio, e si presentavano in due versioni: con carrello fisso carenato e senza carrello (cioè con carrello retrattile). Ovviamente fu poi adottata la seconda versione. Da tali modelli, da provare nella galleria da 160 cm di diametro a bassa velocità subsonica, si dovevano ricavare le "polari", ovvero le curve relative ai coefficienti di portanza, di resistenza e di momento. Considerati tutti i notevoli corpi d'ingombro interni alla fusoliera (motore, cabina, centine, tenditori,ecc.), le perdite globali sarebbero state valutate in via sperimentale con la fusoliera di prova.

Nel contempo a Taliedo, al fine di procedere al proporzionamento del sistema propulsivo in scala 1:1, considerato che esso era parte integrante della fusoliera, Campini provvide, dalla metà del 1935 alla metà del 1936, a far costruire, probabilmente dalla collegata Isotta Fraschini, un piccolo prototipo di motoreattore in scala 1:3 (lunghezza 1500 mm), con presa d'aria di 290 mm di diametro, azionato da un motore elettrico esterno al complesso che sviluppava fino ad 8 CV (5.88 KW) (vedi Appendice n. 10).

Attraverso una trasmissione ad ingranaggi a 90°, il motorino elettrico muoveva, ad un regime massimo di 6100 giri al minuto, un compressore assiale da 460 mm di diametro con una sola girante a 6 palette, seguita da un raddrizzatore a 10 palette. Il profilo adottato per le palette era il NACA 0020 semi-simmetrico. Montato su una incastellatura in legno scorrevole su rulli, al fine di essere collegato ad un dinamometro per la misurazione della spinta, il sistema comprendeva anche una spina Doble-Pelton allo scarico, un combustore ed un sistema di iniezione a vaporizzazione della benzina (dopo che altri due sistemi erano stati scartati ivi incluso quello con uso di nafta polverizzata). Come evidenziano i

Two views of the small wooden model on a scale of 1:15 (version with the fixed landing gear) that is ready for the wind tunnel at Guidonia.

At the end of the first reworking of the contractual project C.S. 600 on 04/03/35, Campini put in motion the sending of two different small wooden models reproduced on a scale of 1:15 to the experimental Centre in Guidonia, which was well-known for its wind tunnels that were also suitable for supersonic tests.

The project would lead to the production of the test fuselage. The models, with a length of about 80 cm, had a hollow fuselage with a smooth inside, and were presented in two versions: with a fixed streamlined landing gear (that is with a retractable landing gear). Obviously the second version was then adopted. It was from these models that the "poles" would be obtained, that is the curves related to the lift, resistance and momentary coefficients. The models would be tested out in the wind tunnel with a diameter of 160 cm and a low supersonic speed. In view of all the considerable obstructing bodies inside the fuselage (engine, cabin, ribs, stretchers, etc), the overall losses would be experimentally evaluated with the test fuselage.

Meanwhile at Taliedo, with the aim of proceeding with the fitting in of the propulsive system on a scale of 1:1, considering that it was an integral part of the fuselage, Campini, from mid 1935 to mid 1936, arranged for the building, probably by the associated Isotta Fraschini, of a small motorjet prototype on a scale of 1:3 (length 1500 mm), with an air intake of 290 mm in diameter. It was activated by a complex external electric motor that obtained up to 8 HP (5.88 kW) (see appendix no.10).

The small electric motor, with a maximum speed of 6100 revolutions per minute, moved, by means of a gear transmission at an angle of 90°, an axial-flow supercharger of 400 mm in diameter with only one six bladed impeller, and then a ten bladed rectifier. The blades had the NACA 0020 semi-symmetrical profile. The engine was mounted on a wooden casing that could slide on rollers. This was done so it could be connected to a dynamometer for measuring the thrust. The system also included a Doble-Pelton pin for the exhaust. There was a combustion chamber and an injection system for the vaporization of the petrol (two other systems had been discarded before one with the use of pulverized naphtha

A small model (length 56 cm, wing span 61 cm) that already belonged to Ing. Campini at the time and is now kept at the Museo dell'Aviazione in Rimini; it reproduces on a reduced scale the model of 1935 (on a scale of 1:15). It is the fixed landing gear version.

Il piccolo motoreattore
in scala 1:3 del 1935-6.

dati sperimentali riportati nelle Tavole XVI e XVII della relazione finale elaborata dal Campini nel marzo 1942 (vedi Appendice n. 16), il rendimento massimo del compressore fu di 0.85, ovvero superiore a quello di una buona elica aerea convenzionale. La spinta "a caldo" risultò di 20 kg, mentre quella "a freddo" fu di 14.5 kg. Pertanto il Campini, con queste prove protrattesi sino al 1936, per similitudine si riprometteva di ottenere dal motoreattore in scala reale 700 kg di spinta con il solo compressore e 900 kg con l'inserimento dei bruciatori, con una portata media di aria di 53 mc/sec, con il motore che, al regime massimo di 2200 giri/minuto, per effetto del moltiplicatore di giri portava il compressore a 3600 giri al minuto ed una velocità periferica prevista di 250 m/sec. Inoltre, considerando un coefficiente economico del motore pari a 0.24, il rendimento moto-propulsivo sarebbe stato di 0.19 (prodotto del rendimento del compressore per il coefficiente economico) in linea con quello di un aereo convenzionale.

In base a queste risultanze sperimentali ed a quelle provenienti dalle prove coi modellini inviati a Guidonia nel marzo 1935 (che fornirono le "polari" dei profili adottati, indispensabili per la progettazione del sistema ali-piani di coda dell'aereo reale), nel corso della seconda metà del 1935 fu possibile elaborare i disegni costruttivi dell'evoluzione finale del progetto contrattuale del 5/2/34, come si evince dal disegno n. 5 del 27/1/36 (vedi Appendice n. 17) che illustra la sezione costruttiva della fusoliera di prova; essa avrebbe dovuto fungere da modello per realizzare i due prototipi definitivi (che nell'intendimento di Campini avrebbero dunque dovuto essere assolutamente identici a detta fusoliera) semprechè le prove sperimentali con essa fossero risultate corrispondenti a quelle col motoreattore in scala 1:3. Ma le cose, come si vedrà, andarono diversamente, principalmente perché non sussisteva omogeneità tecnica tra un sistema e l'altro, per la presenza del motore all'interno della fusoliera e per altri fattori funzionali.

was adopted). As we can see from the experimental data included in tables XVI and XVII of the final report drawn up by Campini in March 1942 (see appendix no.16), the maximum propulsive efficiency of the compressor was 0.85, which was better than that of a good conventional aeroplane propeller. The "warm" thrust was 20 kg, while the "cold" one was 14.5 kg. Therefore, Campini, with these tests that were prolonged to 1936, expected, in a similar way, to obtain from a full scale ducted fan 700 kg thrust with only the compressor and 900 kg with the burners activated. This was with an average air flow of 53 mc/sec. The engine, at a maximum speed of 2200 revolutions per minute, would get the compressor up to 3600 revolutions per minute, which was due to the multiplier. It would also get an expected peripheral speed of 250 m/sec out of it. Moreover, on taking the economical coefficient of the engine to be 0.24, the engine-propulsive efficiency would be 0.19 (produced by multiplying the compressor efficiency and economical coefficient) in line with that of a conventional aeroplane.

On the basis of these experimental results and those coming from the tests with the small models sent to Guidonia in March 1935 (which provided the "poles" for the adopted profiles, essential for planning the wing-empennage system for the actual aeroplane) it was possible, in the course of the second half of 1935, to arrive at the building drawing for the final development of the contractual project of 05/02/34, as we can deduce from drawing no.5 of 27/01/36 (see appendix no.17) that illustrates the building section of the test fuselage; it was to have acted as the model to produce the two definitive prototypes (which it was, therefore, Campini's intention to have been absolutely identical to the above-mentioned fuselage) always provided that the experimental tests with it had corresponded to that of the ducted fan on a scale of 1:3. However, as we will see, things turned out differently, mainly because there was no technical homogeneity between one system and the other, owing to the placing of the engine inside the fuselage and for other functional factors.

The small motorjet of 1935-6 on a scale of 1:3.

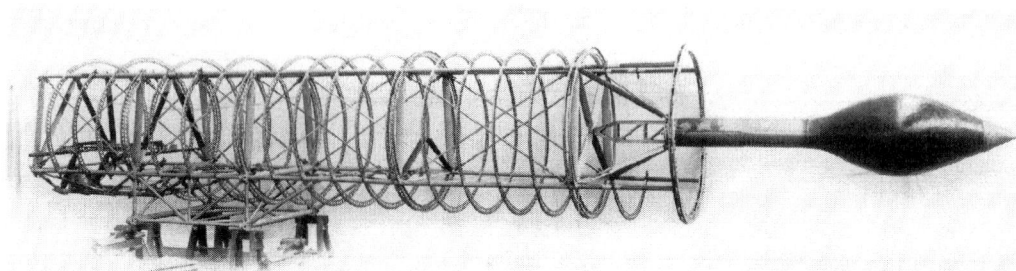

*Struttura interna
della fusoliera durante
la costruzione.*

*A shot of the internal
structure of the fuselage
while it was being built.*

La fusoliera di prova (vedi Appendice n. 11), la cui costruzione era iniziata nel maggio 1934 presso i Cantieri Aeronautici Caproni di Taliedo (Milano), fu ultimata il 6 dicembre 1936 (come risulta da una lettera dell'ing. Campini alla Direzione Generale Costruzioni Aeronautiche del Ministero a Roma - vedi Appendice n. 18). E' probabile che detta fusoliera sperimentale portasse un suo numero di costruzione; esso, però, evidentemente figurava solo sui registri del costruttore Caproni. Realizzata in duralluminio con rinforzi in acciaio inossidabile per le prove termiche, era apparentemente identica ai modellini per la galleria a vento; era però priva di deriva e piani di coda, inutili per le prove a punto fisso, ma dotata degli attacchi alari (non di ali) ai quali vennero applicati i sistemi oscillanti per la misurazione della spinta. Era lunga, al netto della spina Pelton, 11,84 m, aveva un diametro massimo di 1657 mm (contro i 1570 mm dei prototipi finali), presentava una grande presa d'aria frontale con sezione minima interna di 84 cm (contro i 72 cm dei prototipi definitivi), un bulbo di scarico con un sostegno non definitivo, un compressore a due sole giranti (bistadio) da 142 cm di diametro netto con 6 palette per girante alte 40 cm con passo regolabile solo a terra, un unico radiatore tra compressore e motore ed un motore alternativo Isotta Fraschini "Asso" 750 RC XI MC40 da 850 CV. La cabina di pilotaggio, solo abbozzata, aveva il parabrezza rotondo in tre pezzi e alloggiamento per due piloti. Dietro alla cabina, all'interno della fusoliera, nel flusso d'aria proveniente dal compressore era installata una piccola elica a passo fisso che muoveva un piccolo compressore rotativo per l'ossigenazione della cabina in quota. Non era ancora previsto alcun raccordo tra cabina e deriva. Nel progetto definitivo dell'aereo completo l'ala, di forma ellittica, non sarebbe stata passante sotto la fusoliera (come fu poi nei prototipi definitivi del 1940), ma parzial-

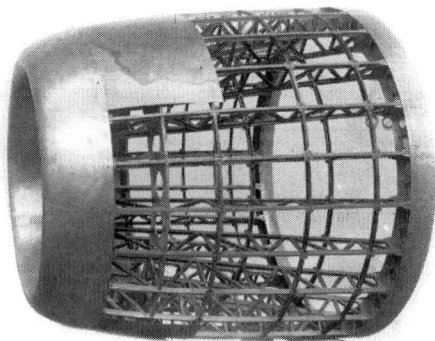

*Particolare della presa
d'aria frontale.*

*We can see a detail
of the frontal air intake.*

The test fuselage (see appendix no.11), whose building was begun at the Cantieri Aeronautici Caproni (Caproni Aeronautical Site) in Taliedo (Milan) in May 1934, was completed on 6 December 1936 (as we can see from a letter from Ing. Campini to the Direzione Generale Costruzioni Aeronautiche (General Management of Aeronautical construction) of the Ministry in Rome - see appendix no.18). It is probable that the above-mentioned experimental fuselage only bore its construction number; it was, nevertheless, only included in the registers of the constructor Caproni. It was apparently identical to the small models for the wind tunnel, having been produced in duralumin, with strengthening in stainless steel for the heat tests. However, it was without a fin and empennages, of no use for the test at fixing point, but equipped with wing attachments (not the wings) to which were applied the oscillating systems to measure the thrust. It was 11.84 m long without taking the Pelton pin into consideration, had a maximum diameter of 1657 mm (compared to the 1570 mm of the final prototypes), had a large frontal air intake with a minimum internal section of 84 cm (compared to the 72 cm of the final prototypes). There was also an exhaust nozzle with an indeterminate prop, a compressor with two-stage rotors of a net 142 cm in diameter with six 40 cm long rotor blades with a pitch that could only be regulated on the ground. There was only one radiator between the compressor and the engine and an alternative Isotta Fraschini "Asso" 750 RCXI MC40 850 HP engine. The pilot's cabin, which was only roughly sketched in, had a round windshield in three parts and had accommodation for two pilots. A small rotary compressor to provide the cabin with oxygen at altitude was installed behind the cabin, on the inside of the fuselage, in the flow of air coming from the compressor. No connection was yet planned between the cabin and the fin. In the definitive project for the complete aeroplane the wing, in an elliptical form, wouldn't pass under the fuselage

La fusoliera di prova a costruzione pressoché ultimata.

The test fuselage has nearly been completed.

Particolare della sezione con il compressore.

We can see a detail of the section with the compressors.

La fusoliera sperimentale, ultimata, all'uscita dai capannoni della Caproni.

mente innestata nella stessa ed i piani di coda sarebbero stati fissati alla deriva, piuttosto alti sopra la fusoliera (vedi Appendice n. 19). Come vedremo, i prototipi finali differirono poi sostanzialmente da questo progetto che venne quindi successivamente modificato.

Il motore alternativo fu montato soltanto nel 1935, data in cui si rese disponibile; è rimasto sconosciuto il suo numero di matricola militare, ma si ritiene ragionevolmente che fosse il n. MM 19432. Per spostarla a terra la fusoliera fu montata su di una specie di carrello innestato negli attacchi per l'ala, con due ruote gommate ed un sostegno di coda.

LE PROVE SPERIMENTALI DEL 1937

Ultimati i preparativi per la presentazione alla commissione del Genio Aeronautico (quale rappresentante tecnico del committente), inclusi i disegni complessivi relativi al progetto datati 3/4/37, corredati da un preventivo di costo datato 20/4/37, Campini poteva comunicare che la fusoliera di prova (ultimata come già detto il 6/12/36) era pronta per i test contrattuali. La prima serie di prove di funzionamento ebbe inizio il 27 aprile 1937 e terminò il 29 dello stesso mese (come da relazione tecnica n. 585 dell'Agosto 1940 della Aeroplani Caproni – vedi Appendice n. 20). La commissione di verifica era composta dal Gen. Enrico Bonessa, dal T.Col. Ercole Trigona, dal Cap. Ugo Montano e dal S.Ten. Ermanno Bazzocchi (più tardi noto progettista degli aerei Macchi MB 326 e 339). Per la Ditta Caproni erano presenti l'Ing. Arturo Gaviraghi e naturalmente l'Ing. S. Campini, capo-commessa.

The experimental fuselage has been completed and it is leaving Caproni's hangars.

(as it was later to do in the definitive prototype of 1940), but would be partially grafted into it and the empennages would be fixed to the fin, quite high above the fuselage (see appendix no.19). As we will see, the final prototypes would differ substantially from this project, which would therefore be subsequently modified.

The alternative engine was only mounted in 1935, the date on which it was made available; the military registration number is still unknown, but it is logically believed to have been MM 19432. In order to move it onto the ground the fuselage was mounted on a type of carriage hooked onto the wing attachments, with two rubber wheels and a tail prop.

THE EXPERIMENTAL TESTS OF 1937

Once the preparations for the presentation to the Commissione del Genio Aeronautica (Commission of Aeronautical Engineering) had been made, including all the drawings relating to the project dated 03/04/37 and supported with an estimate of costs dated 20/04/37, Campini was able to report that the test fuselage (completed as already mentioned on 06/12/36) was ready for the contractual tests. The first series of working tests began on 27 April 1937 and finished on the 29th of the same month (as the technical report no.585 of Aeroplani Caproni noted in August 1940 - see appendix no.20). The evaluating commission was composed of Gen. Enrico Bonessa, T.Col. Ercole Trigona Cap. Ugo Montano and S.Ten. Ermanno Bazzocchi. The latter was later to become the well-known designer of the Macchi MB326 and 339 aeroplanes. Ing. Arturo Gaviraghi and Ing. Campini were there to represent the Caproni Company. The latter had naturally been responsible for completing the order.

*La fusoliera di prova
prima degli esperimenti
del 1937.*

The test fuselage
before the experiments
began on it in 1937.

Purtroppo alle prove al dinamometro, specificatamente costruito per l'occasione, il sistema a motoreattore registrò, con motore a 2200 giri/minuto, solo 650 kg di spinta "a freddo", cioè col solo compressore (anziché i 700 previsti con i grafici dedotti dalle prove col motorino in scala 1:3), e non oltre 730 kg "a caldo", cioè con l'uso dei bruciatori al massimo consumo (contro i previsti 900), il tutto al lordo di circa 70-80 kg di spinta fornita dallo scarico del motore alternativo all'interno del flusso (come da Tavola VIII di detta relazione tecnica n. 585 della Caproni – vedi Appendice n. 16). Il rendimento del compressore, a conti fatti, risultava 0.76 (contro lo 0.85 del citato motorino, cioè del 10.6% inferiore all'elica aerea equivalente) ed un rendimento moto-propulsivo proporzionalmente inferiore a 0.19. Campini il 21/10/42 al Ministero dell'Aeronautica, nel giustificare la ripresa del progetto, attribuì tale basso rendimento ad "eccessivi giochi tra pale e pareti ed eccessiva velocità periferica" (ma ottenne poi 0.83 solo con un aumento del numero delle pale e con un compressore diverso). L'incremento di temperatura risultò di 230° C (503°K), con una temperatura esterna del rivestimento di 20-30° C. Quanto al consumo medio dei bruciatori, esso risultò di 270 gr/sec in corrispondenza di una portata d'aria di 49 mc/sec (contro i 53 mc/sec stimati in rapporto al modello in scala 1:3). Oltre a ciò i bruciatori erano risultati il meglio per il momento in quanto, nonostante il sistema a vaporizzazione di benzina fosse apparso la via giusta, c'erano ancora altri problemi da superare per ridurre ulteriormente i consumi. Non per niente solo nel giugno del 1941 si arrivò al modello definitivo ed efficiente dei bruciatori ed alcuni esemplari furono trovati, parzialmente distrutti per usura a seguito delle prove, giacenti in un deposito nell'agosto 1942 ad evidenza dei numerosi tentativi fatti (vedi Appendice n. 21).

*La fusoliera
sperimentale alle
prove col dinamometro.*

*The experimental
fuselage is being
put through the tests
with the dynamometer.*

Unfortunately with the dynamometer tests, constructed in detail for the occasion, the motorjet unit registered, with the engine at 2200 revolutions per minute, only 650 kg "cold" thrust, that is with only the compressor (rather than the 700 foreseen with the graphics deduced from the tests with the small engine on a scale of 1:3), and not more than 730 kg "warm", that is with the burners at maximum consumption (compared to the 900 planned for). There was, to complete everything, another gross thrust of about 70-80 kg provided by the exhaust of the alternative engine inside the flow (as reported in Table VIII of the above-mentioned technical report no. 585 by Caproni – see appendix no.16). When all is said and done the efficiency of the compressor was 0.76 compared to the 0.85 of the above-mentioned small engine. The efficiency was about 10.6% less than the propeller aeroplane equivalent and the engine had a proportionally lower propulsive efficiency at 0.19. On 21/10/42 Campini had to justify himself to the Ministero dell'Aeronautica to give himself grounds to resume the project. He attributed this low efficiency to "an excessive play between the blades and the walls and excessive peripheral speed". However, he was then only able to obtain 0.83 by increasing the number of blades and by using a different compressor. The increase in temperature was 230°C (503°K), with an external temperature of the covering of 20-30°C. The burners consumed on average 270 gr/sec. This was together with an air delivery of 49 mc/sec. This was compared to the 53mc/sec estimated in the report on the model of a scale of 1:3. Although the burners had for the moment worked better, as the petrol vaporization system seemed to be on the right path, there were still some other problems to overcome to further reduce the consumption. It was no coincidence that it was only in June 1941 that a definitive and efficient burner model was made. Some burners were found in 1942. They were lying in a warehouse. They were the clear proof of just how many attempts had been made to come up with the right burner (see appendix no.21).

Fusoliera con spina Doble-Pelton alle prove con i bruciatori.

The fuselage with the Doble-Pelton pin is being put through the tests with the burners.

Fatto sta che, in base alle risultanze sperimentali dell'aprile 1937, per poter rispettare integralmente gli impegni contrattuali ed i promessi livelli di spinta con il solo compressore (700 kg) e con i bruciatori inseriti (900 kg), era evidente la necessità di procedere ad una nuova completa revisione del progetto che aveva portato alla costruzione della fusoliera sperimentale, tanto è vero che nei disegni costruttivi di data posteriore all'aprile 1937 la denominazione fino a quel momento utilizzata di "Apparecchio Campini" passò a quella di "Campini 2" come certificano, ad esempio, il disegno n.28 del 26/9/39 relativo alla sezione longitudinale costruttiva dei prototipi, la già citata relazione n. 585 dell'Agosto 1940 della Aeroplani Caproni riguardante anche le prove di robustezza (Agosto 1940) sul modello NC 4849 e documentazione successiva (vedi Appendice n. 22). Pertanto, in via presuntiva e per meglio distinguere i due passaggi dell'evoluzione tecnica del Campini-Caproni, si ha ragione di ritenere che il progetto precedente, sottoposto a revisione, potesse essere inteso come "Campini 1".

Quanto poi al destino della fusoliera di prova, dopo un lungo accantonamento in un deposito della Caproni di Taliedo, sopravvissuta agli avvenimenti bellici in buono stato di conservazione, fu finalmente ceduta al Museo Nazionale della Scienza e della Tecnica "Leonardo da Vinci" di Milano ove è tuttora visibile.

PROGETTO COSTRUTTIVO DEFINITIVO 1938-40

Come del resto lascia intendere la relazione tecnica n. 585 della Aeroplani Caproni una volta ultimate le prove con la fusoliera di prova (laddove si parla di "un primo tentativo, in grandezza naturale, allo scopo di risolvere i problemi costruttivi e funzionali inerenti al complesso apparato"), nella seconda metà del 1937 risultò evidente sia all'ing. Campini che al Ministero

The fact was that, on the basis of the experimental results of April 1937, in order to adhere fully to the contractual obligations and the levels of thrust promised with only one compressor (700 kg) and with the inserted burners (900 kg), it was obvious that the project that had led to the construction of the experimental fuselage had to be completely looked at again and redesigned. This was so much so that in the building drawings after 1937 the name "Appareccchio Campini" (Campini's Aircraft) that had been used up to that moment was changed to that of "Campini 2" as, for example, the drawing no.28 of 26/09/39 relating to the constructional longitudinal section of the prototypes,

La fusoliera conservata al Museo "Leonardo da Vinci" di Milano.

The fuselage that is kept at the "Leonardo da Vinci" Museum in Milan.

the above-mentioned report no.585 in August 1940 by Aeroplani Caproni, which also dealt with the ruggedness testing on model NC 4849 in August 1940, and subsequent documentation (see appendix no.22) certify. Therefore, on making suppositions and distinguishing better the two stages in the technical development of the Campini-Caproni, it is feasible that on examining the previous project it could be intended as "Campini 1"

As for the test fuselage, it survived the trials of war in a good state of preservation, after long being put aside in a Caproni warehouse in Taliedo, and was finally handed over to the Museo Nazionale Scienza della Tecnica "Leonardo da Vinci" in Milan where it is still visible.

FINAL BUILDING PROJECT OF 1938-40

As we can understand from the technical report no.585 of the Aeroplani Caproni, drawn up in the second half of 1937 once the last tests with the fuselage had taken place, that talks about "a first attempt, of a natural size, with the aim of resolving the building and functional problems regarding the complex apparatus", it was obvious both to Ing. Campini and the Ministero dell'Aeronautica that the whole project had

dell'Aeronautica che l'intero progetto era da riprendere per realizzare le spinte ed i rendimenti calcolati sulla base dei risultati ottenuti con il motoreattore in scala 1:3.

La corrispondenza poi intercorsa tra Campini, la ditta Caproni ed il Ministero, che parla appunto di revisioni dei costi giustificate, oltre che da imprevisti rilevanti incrementi dei prezzi, anche dalla necessità di ulteriori esperienze e di atti aggiuntivi, con una proroga della consegna dei prototipi dal 31 dicembre 1936 al 31 dicembre 1938, conferma la battuta d'arresto nel programma. Anche in seguito però, per ragioni non dipendenti dalla volontà di Campini (come ad esempio i continui inconvenienti creati dai motori non forniti nuovi dalla Isotta Fraschini ma dai depositi della Regia Aeronautica), la scadenza della consegna venne ulteriormente spostata al 31/10/39 ed i prototipi risultarono addirittura ultimati il 26 luglio 1940, come si evince da lettera di Campini del 12/8/40 all'Ufficio Sorveglianza Tecnica presso la Caproni (vedi Appendice n. 23).

Il 27/12/37 Campini firmò il Contratto aggiuntivo n. 561 di Repertorio, di natura amministrativa ed aggiornamento economico, che implicava ovviamente la riprogettazione ed il ridimensionamento del suo aereo. Il prezzo fu portato a Lit. 5.220.000.

La radicale revisione del progetto (e dei disegni relativi) fu comunque lunga e complessa al punto da richiedere ben 17 modifiche e varianti come emerge sia da una relazione di Campini alla Direzione delle Costruzioni Aeronautiche di Roma dell'11/9/40 che da una lunga esposizione tecnica del 21/1/42 al Ministero dell'Aeronautica, con elencazione dei maggiori costi affrontati, come pure dal dettagliato accertamento compiuto dal Cap. Garat Arturo Pomarici che parla del motoreattore in scala 1:3 e della completa evoluzione esteriore dell'aviogetto rispetto a quello che sarebbe emerso se la fusoliera avesse dato gli esiti attesi. A parte le numerose varianti che saranno elencate più avanti parlando della costruzione dei prototipi, i due problemi principali da risolvere riguardavano il rendimento del compressore (da portare da 0.76 come verificato nella fusoliera di prova ad almeno 0.82) e la riduzione delle perdite. Queste rimasero comunque elevate al punto da far dire a Campini, nella sua relazione del marzo 1942 (vedi Appendice n. 24), che di fatto il motore rendeva disponibile una potenza non superiore ai 550-600 CV. A tale scopo, considerando che con il motore all'interno della fusoliera le perdite dipendevano dagli ingombri (come cabina, tiranti, ecc.), fu usato un rivestimento interno di circa 30 mq di lamierino per rendere il flusso interno dell'aria più disciplinato e meno soggetto a turbolenze.

Quanto al compressore, riprendendo in considerazione lo schema già previsto dal precedente progetto siglato C.S. 500-V del 10/3/1933 (disegni V/43/Di e V/44/Di) che però non prevedeva la spina Doble-Pelton ma un parzializzatore a pannelli mobili, Campini elevò a tre gli stadi (riducendo i rotori da 142 a 125 cm di diametro netto ed aumentando il diametro del mozzo a 70 cm per cui le palette si accorciarono da 40 a 27,5 cm – vedi Appendici n. 25 e 26) e provvide ad esasperare le possibilità offerte dal ciclo rigenerativo sdoppiando i radiatori in modo da ottenere, tra aria fredda entrante ed aria surriscaldata dopo i radiatori, un gradiente termico più elevato. In tal modo sia il rendimento del compressore che quello globale del sistema moto-propulsivo migliorarono notevolmente. Infatti, anche se non si ottenne un rendimento della compressione di 0.85 come nel motoreattore in scala ridotta, alla fine emerse un accettabile 0.83. I giri del compressore furono mantenuti al valore nominale di 3600 al minuto con un moltiplicatore di giri con rapporto di moltiplica 1:1.636 (a Guidonia con il motore in sopragiri a 2470 si ottennero 4050 giri al compressore).

A parte queste modifiche di base che furono elaborate dal maggio all'ottobre 1937, nel 1938 (e fino al 1939) si procedette parallelamente alla stesura dei piani costruttivi (vedi Appendice n. 27), dato il fatto che anche in corso d'opera vi furono diversi interventi sui piani aerodinamici di coda; l'apertura dei piani orizzontali passò da 5988 mm a 6208 mm con conseguente variazione del cosiddetto "rapporto volumetrico di coda", determinante ai fini della stabilità direzionale. Inoltre nel corso del 1938, utilizzando la galleria del vento da 150 cm di diametro della Caproni a Taliedo, analoga in termini dei cosiddetti

to be started again to produce the thrust and efficiency calculated from the results obtained with the motorjet on a scale of 1:3.

The correspondence that ensued among Campini, the Caproni Company and the Ministry, that talked about how to justify the costs of the redesigning, as well as the appreciable, unexpected rise in the prices, also taking into consideration the need for further experience and additional tests, had the effect of postponing the delivery of the prototypes from 31 December 1936 to 31 December 1938. This was confirmation of a drastic slowdown in the programme. Also later on, however, for reasons that had nothing to do with the will of Campini (like, for example, the continual problems created by the engines that were not delivered new by Isotta Fraschini but were from the Regia Aeronautica warehouses), the expiry date was changed again this time to 31/10/39 and the prototypes were actually completed on 26 July 1940, as can be deduced from Campini's letter of 12/08/40 to the Ufficio Sorveglianza Tecnica (Office of Technical Supervision) at Caproni (see appendix no.23).

On 27/12/37 Campini signed the extension to the contract, no.561 in the register; it was for administrative and economic reasons that obviously implied the redesigning and re-dimensioning of his aeroplane. The price was increased to 5,220,000 lire.

However, the radical redesigning of the project (and of the related drawings) was long and complex so much so as to require as many as 17 modifications and variations as emerged both from a report by Campini to the Direzione delle Costruzioni Aeronautiche in Rome of 11/09/40 and from a long technical exposition to the Ministero dell'Aeronautica of 21/01/42, with a list of the main expenditure. There was as well the detailed investigation completed by Cap. Garat Arturo Pomarici that talks about the motorjet on a scale of 1:3 and of the complete external development of the jet aircraft compared to the one that would have emerged if the fuselage had given the expected results. Apart from the numerous variations that will be listed later on talking about the building of the prototypes, the two main problems to resolve were the compression efficiency, which had to increase from 0.76 measured in the test fuselage to at least 0.82, and a reduction of the losses. However, these remained high so much so as to make Campini say, in his report of March 1942 (see appendix no.24), that in fact the engine didn't produce power greater than 550-600 hp. With such a purpose, considering that with the engine inside the fuselage the losses depended on the obstacles (like the cabin, tie rods, etc), an inner covering of about 30m^2 of sheet was used to make the inner flow of the air more regular and less subject to turbulence.

As for the compressor, we should again take into consideration the layout already planned for the previous project initialled C.S.500-V of 10/03/1933 (drawings V/43/Di and V/44 Di) that, however, didn't plan for the Doble-Pelton pin but a control shutter with movable panels. Campini increased the stages to three (reducing the rotors from 142 to 125 cm in net diameter and increasing the hub diameter to 70 cm for which the blades were shortened from 40 to 27.5 cm – see appendixes nos. 25 and 26) and took steps to exacerbate the possibilities offered by the regenerative cycle by splitting the radiators so as to obtain, between cold air entering and overheated air leaving the radiators, a higher temperature difference. In such a way both the efficiency of the compressor and the overall efficiency of the engine-propulsion system improved considerably. In fact, even if it didn't obtain a compression efficiency of 0.85 as in the motorjet on a reduced scale, in the end an acceptable 0.83 emerged. The compressor revolutions were maintained at face value of 3600 per minute with a revolution multiplier with a multipliable ratio 1:1.636 (at Guidonia with the engine in booster revolutions at 2470, 4050 compressor revolutions were obtained).

Apart from these basic modifications that were worked out from May to October 1937, in 1938 (and until 1939) work continued side by side on the drawing up of the building plans (see appendix no.27). This was due to the fact that also in the course of the work there were several modifications to the streamlining of the empennages; the span of the horizontal plane went from 5988 mm to 6208 mm with a consequent variation in the so-called "volumetrical tail ratio", which was crucial for directional stability. Moreover, in the course of 1938 new small wooden models on a scale of 1:15 (length except for the end plate pin 80 cm,

Maggio1938: modellini lignei in scala 1:15 nella galleria a vento della Caproni a Taliedo

"numeri di Reynolds" a quella da 160 cm di Guidonia, si provarono nuovi modellini lignei in scala 1:15 (lunghezza fuori spina terminale 80 cm, apertura alare 97,5 cm ed allungamento 5.82 quale rapporto tra il quadrato dell'apertura alare e la superficie alare lorda). In tali prove aerodinamiche venne dimostrata una resistenza minima di 0.009 (per effetto certamente dei carrelli retratti e ricopertura delle sedi ruote) contro la precedente di 0.022 rilevata con i modelli del 1935. Furono anche costruiti dei modelli di fusoliera più grandi, in scala 1:5, lunghi intorno ai 240 cm, contenenti modelli lignei di motore e di cabina per calcolare le perdite interne di pressione dovute ai vari ingombri.

A questo punto Campini avrebbe dovuto ripetere le prove a punto fisso come era stato fatto per la fusoliera di prova, con nuovi incrementi di spesa. E' certo che tali prove non furono ripetute anche per l'assenza assoluta di qualsiasi prova documentale, risultata invece assai ricca per quanto attiene alle prove dell'aprile 1937. Si procedette quindi alla stima dei valori sperimentali in via semiempirica, attraverso valori sperimentali indiretti. Infatti nella relazione tecnica finale del marzo 1942 Campini scrisse testualmente: "La spinta a punto fisso sia senza bruciatori che con bruciatori poté dedursi a terra in base alle misure di pressione dinamica fatte allo scarico ed in base alla portata d'aria..." Il rendimento del compressore (a tre giranti di diametro

Mario De Bernardi e Secondo Campini con il modello ligneo in scala 1:15 alle prove aerodinamiche nella galleria della Caproni a Taliedo; il modello a destra risulta appeso ad un supporto superiore, nell'altra pagina fissato ad un supporto inferiore.

wing span 97.5 cm and the extension 5.82 that is the ratio between the square of the wing span and the gross wing area) were tested using the Caproni 150 cm diameter wind tunnel at Taliedo, similar in terms of the so-called "Reynolds's numbers" to that of the 160 cm diameter wind tunnel at Guidonia. In these aerodynamic tests a minimum resistance of 0.009 was shown (without doubt because of the retractable landing gears and the covering of the wheel seating) as

Small wooden models on a scale of 1:15 were in Caproni's wind tunnel at Taliedo in May 1938.

compared to the previous 0.022 shown with the 1935 models. Bigger fuselage models, on a scale of 1:5 and length of about 240 cm were also built. They contained wooden models of an engine and cabin to calculate the internal losses of pressure owing to the various obstructions.

At this stage Campini should have repeated the tests at fixing point as had been done for the test fuselage, bringing with it a further increase in expenditure. We know for sure that no such tests were repeated also because there was absolutely no documentary evidence. There is, instead, a lot of this for what regards the tests of April 1937. Therefore, we can go on to an appraisal of the experimental values in a semi-empirical manner, by means of indirect experimental values. In fact, Campini, in his final technical report of March 1942, wrote textually: "the thrust at fixing point both with and without burners could be deduced on the ground on the basis of a measure of the velocity pressure made at the exhaust and on the basis of the air delivery...". The effi-

Mario De Bernardi and Secondo Campini are watching a wooden model on a scale of 1:15 going through its aerodynamic tests in Caprini's wind tunnel at Taliedo: the model on the left is hanging from a holder higher up; the one on the other page is hanging from a holder lower down.

ridotto a 125 cm e non più due come nel precedente progetto) risultò pari a quello del motoreattore in scala ridotta, anche se prudenzialmente nei calcoli venne assunto un valore di origine sperimentale 0.82. La velocità di rotazione delle giranti fu bloccata sul massimo di 3600 giri/minuto, con velocità periferica di non oltre 250 m/sec onde evitare pericolosi stacchi della vena fluida alle estremità. Il moltiplicatore di giri venne prodotto dalla Isotta Fraschini in due varianti, come il passo variabile delle palette, in modo da poter sperimentare sul campo, con il prototipo destinato alle messe a punto, più di una combinazione tra moltiplicatore e tipo di palette. Il motore doveva essere un Isotta Fraschini "Asso" L 121 MC 40 (dove M sta per moltiplicatore al posto della R di riduttore) che dava una potenza al suolo di 800 CV e con ristabilimento della potenza a 4000 m di quota. Di fatto i motori forniti dalla Regia Aeronautica, non nuovi, non resero mai oltre i 730 CV effettivi. Tali motori infatti vennero forniti dalla Isotta Fraschini "nello stato in cui erano stati consegnati" alla stessa dalla Regia Aeronautica, probabilmente provenienti da aerei Caproni Ca.135 inattivi.

Mentre intervenivano tutte queste modifiche che avrebbero finalmente congelato la formula finale, nel gennaio 1938, come già accennato più sopra, Campini pubblicò, sulla rivista "L'Aerotecnica" del Ministero dell'Aeronautica, uno studio teorico-sperimentale per evidenziare il suo sistema ripercorrendone tutta la teoria di base e dimostrare che esso era in via di sviluppo. Il titolo era: "Sulla teoria analitica del moto-propulsore Campini"; tradotto in inglese, esso comparve alla fine dello stesso anno, a cura dell'americana N.A.C.A. (National Advisory Committee for Aeronautics), con il titolo "NACA Technical Memorandum No. 1010: Analytical Theory of the Campini Propulsion System".

COSTRUZIONE DEI DUE PROTOTIPI

La costruzione dei due prototipi definitivi ebbe comunque inizio nell'ottobre del 1937 ed il massimo impegno costruttivo fu profuso nel 1938. Ai due prototipi la Caproni assegnò i numeri di costruzione NC 4849 e 4850, mentre Campini, come detto più sopra, nei suoi disegni li chiamava entrambi "Campini" (vedi Appendici n. 12 – 13 – 14).

Dalla documentazione dell'archivio Campini risulta che il 22/5/38 il progettista scrisse alla Direzione delle Costruzioni Aeronautiche del Ministero dell'Aeronautica di Milano una relazione piuttosto dettagliata dal titolo "Sullo stato attuale delle costruzioni degli apparecchi Campini": in essa sosteneva che, a tale data, i tronconi delle fusoliere, ivi incluse le prese d'aria, erano in corso di montaggio e che erano state condotte esperienze su nuove forme di saldatura e chiodatura per ridurre la resistenza esterna. Parlava inoltre degli ipersostentatori, che prima erano esclusi. Ad evidenza della riprogettazione delle fusoliere, Campini precisava che la finezza (cioè il rapporto lunghezza/diametro) da 10 era passata a 13,50 e che i profili alari passavano da classici a simmetrici corretti, con un aumento del coefficiente di portanza massima da 0.60 a 0.80. A tale comunicazione seguivano altre nel giugno e settembre 1938 con conseguenti atti aggiuntivi al Contratto n. 12 di Repertorio.

Il 3 giugno 1938 risultavano inoltre in lavorazione le cabine ed il resto delle fusoliere.

Esse furono poi assemblate a metà luglio del 1938 mentre ad agosto i due aerei risultavano in piena costruzione in ogni loro parte.

Il 12/9/38 Campini inviava una relazione particolarmente significativa in quanto riportante tutti i dati tecnici di utilità per le successive prove statiche poi eseguite, tra il 27 luglio ed il 22 agosto 1940, con l'esemplare ritenuto 'primo prototipo' in quanto caratterizzato dal numero di costruzione più basso da parte della Caproni (NC 4849) e siglato dall'ing. Campini con il numeretto identificativo "1" sotto i piani di coda con riferimento alla serie di "Campini 2" in produzione. Dai dati risultava che il coefficiente di robustezza

ciency of the compressor (with three impellers with a diameter reduced to 125 cm and not more than two as in the previous project) was equal to that of the motorjet on a reduced scale, even if in the calculations a prudent experimental original value of 0.82 was assumed. The rotating speed of the impellers was limited to a maximum of 3600 revolutions per minute, with a peripheral speed of not more than 250 m/sec so as to avoid dangerous separations of the fluid vein at the far ends. Isotta Fraschini produced the revolution multiplier in two variants, like the variable pitch of the blades, in order to be able to experiment anywhere, given that the prototype was about to be put right, as well as a combination between a multiplier and a type of blade. The engine was to have been an Isotta Fraschini "Asso" 121 MC40 (where M stood for multiplier instead of R for reducer) that gave a ground power of 800 hp and a restoration of power at an altitude of 4000 m. In fact, the engines supplied by Regia Aeronautica, which were not new, never effectively had more than 730 HP. In fact, these engines were supplied by Isotta Fraschini "in the state in which they had been delivered" to the self-same Regia Aeronautica, probably coming from stationary Caproni Ca.135 aeroplanes.

While all these modifications, which would have sanctioned the final formula, were being made, in January 1938, as mentioned before, Campini published in the "L'Aeronautica" magazine of the Ministero dell'Aeronautica, a theoretical-experimental study to make his system clear going over all the basic theory and demonstrating that it was being developed. The title was: "sulla teoria analitica del moto-propulsore Campini", translated in English, it appeared at the end of the same year, edited by the American N.A.C.A. (National Advisory Committee for Aeronautics), with the title "NACA Technical Memorandum no.1010: Analytical Theory of the Campini Propulsion System".

BUILDING OF THE TWO PROTOTYPES

The building of the two final prototypes started in October 1937 and most of the building activity took place in 1938. Caproni assigned the construction numbers NC 4849 and 4850, while Campini, as has been said before in the text, called them both "Campini" in his drawings (see appendixes nos.12, 13 and 14).

We can see from the documentation of Campini's archives that on 22/05/38 the designer wrote quite a detailed report with the title "sullo stato attuale delle costruzioni apparecchi Campini" (on the actual state of the building work on the Campini aeroplanes) for the Direzione delle Costruzioni Aeronautiche (Management of Aeronautical Constructions) of the Ministero dell'Aeronautica in Milan. In it he sustained that, on that date, the fuselage sections, in which were fitted the air intakes, were being assembled and new forms of welding and riveting were being tested to reduce the external resistance. Moreover, he talked about flaps that had been excluded before. Campini referred to the redesigning of the fuselage and pointed out that the keenness (that is the ratio length/diameter) had changed from classically to symmetrically correct, with an increase of the maximum lift coefficient from 0.60 to 0.80. Other communications followed this one in June and September 1938 with subsequent additional documents pertinent to contract no.12 in the register.

On 3 June 1938, moreover, it appears that the cabins and the rest of the fuselage were being worked on. They were then assembled half way through July 1938, while in August all parts of the two aeroplanes were built.

On 12/09/38 Campini sent a report that was particularly significant in as much as it listed all the useful technical data for the subsequent static tests that were then carried out between 27 July and 22 August 1940. It was thought that the example was the "first prototype" as it was characterized by a low construction number on Caproni's part (NC 4849) and initialled by Ing. Campini with the small identification number "1" under the empennages with reference to the mass produced "Campini 2". It is established from the data that the coefficient of ruggedness was 14, the extension 5.86 and that the complete static test (with the disassembling of the aeroplane) was planned.

*La cabina
pressurizzata in
costruzione.*

The pressurized
cabin is being
built.

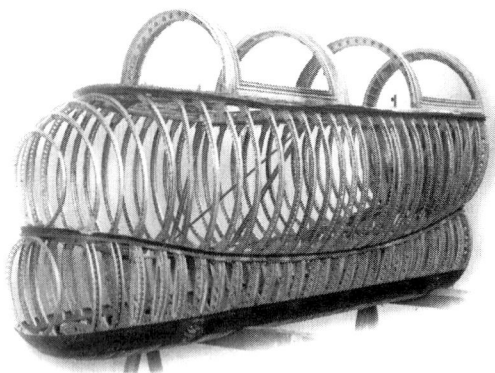

era 14, l'allungamento 5.86 e che era prevista la prova statica completa (con smontaggio dell'aereo) sull'esemplare destinato alla consegna al committente (NC 4849); le messe a punto funzionali ed aerodinamiche (prove sui comandi, freni, ipersostentatori, ammortizzatori, superfici di coda, ruotino caudale, ecc.) erano invece previste sull'altro esemplare (NC 4850).

Dalla documentazione e dall'intensità degli scambi epistolari tra Campini ed i vari organi tecnici del Ministero dell'Aeronautica emerge che, rispetto al progetto del 1937 servito a realizzare la fusoliera di prova, le più significative modifiche apportate, rilevabili anche dal disegno n. 28 del 26/9/39 (vedi Appendice n. 28), furono: lunghezza della fusoliera, al netto della spina Doble-Pelton (con corsa esterna teorica di 90 cm e pratica di 88 cm), portata da m 11,84 a m 12,103 in seguito all'aumento degli stadi del compressore, apertura dei piani di coda aumentata e poi ulteriormente estesa da m 5,988 a m 6,208, piano fisso a calettamento variabile, struttura dell'aereo dalla soluzione in acciaio con rivestimento non lavorante ad una struttura in duralluminio a guscio con doppia parete interna per ridurre le perdite di carico nel flusso d'aria, doppia parete di raffreddamento in acciaio nel combustore, riduzione della sezione minima della presa d'aria da 84 a 72 cm con nuovo disegno del bulbo di ammissione, cabina stagna biposto con lunotto anteriore modificato definitivamente nel 1940 con 4 finestrini per lato (anziché 3), raccordo aerodinamico Von Karman completo ed esteso tra bordo d'uscita delle ali e fusoliera, adozione di profili alari quasi simmetrici (rispetto al tipo Clark del progetto iniziale C.S. 600) e modificati per aumentare la capacità dei serbatoi alari e far fronte al forte consumo di benzina richiesta dai bruciatori, ipersostentatori per aumentare il coefficiente di portanza massimo e ridurre le corse di decollo e di atterraggio, modifiche del carrello retrattile a scomparsa completa con portelli copri-ruota, comandi combinati fra alettoni ed ipersostentatori, motore a 12 cilindri in linea tipo I.F. "Asso" L 121 da 840 CV nominali e ristabilimento della potenza a 4000 m, moltiplicatore di giri con rapporto di moltiplica 1:1.636, compressore assiale tristadio con rotore da 125 cm di diametro con 15 palette a passo variabile alte 27,5 cm (quindi in totale 45 palette contro le 12 pale alte 40 cm del progetto 1937), passo regolabile in volo anziché a terra, statori raddrizzatori del flusso dotati di 16 palette ciascuno, sdoppiamento dei radiatori con comando per l' esclusione di un elemento, nuovi bruciatori a vaporizza-

Tests were done on the controls, brakes, flaps, shock absorbers and tail surfaces of the example (NC 4849) intended to be handed over to the customer. As for the example (NC 4850) small caudal wheels to make sure that all its parts worked well and streamlining were planned for it.

From the documentation and the intensity of the epistolary exchange between Campini and the various technical organs of the Ministero dell'Aeronautica it emerges that, compared to the project of 1937 used to produce the test fuselage, the most significant modifications made, noticeable also from the drawing no.28 of 26/09/39 (see appendix no.28) were: the length of the fuselage, except for the Doble-Pelton pin (with an external theoretical length of 90 cm and a practical one of 88 cm), it was lengthened from 11.84 m to 12.103 m following an increase in the com-

Retro della cabina visto dall'interno della struttura della fusoliera.

The back of the cabin is seen from the inside of the fuselage structure.

pressor stages; the span of the empennages was increased and then further extended from 5.988 m to 6.208 m and there was a fixed plan with an adjustable setting; the aeroplane had a steel structure with an untreated covering combined with a duralumin shell structure that had a double internal wall to reduce load losses in the air flow; there was a double steel cooling wall in the combustion chamber; a reduction in the minimum section of the air intake from 84 cm to 72 cm with a new design for the inlet bulb; a two seat pressurized cabin that had a front window, which was definitively modified in 1940 with four small windows per side (rather than three); a complete Von Karman streamlined connection that extended between the trailing edge of the wings and the fuselage; wing profiles were adopted that were almost symmetrical (compared to the Clark type of the initial C.S. projects); modifications were make to increase the wing tank capacity and deal with the high petrol consumption required by the burners; there were flaps to increase the maximum lift coefficient and to reduce the take-off and landing runs; modifications were made to the retractable landing gears so that they would be entirely hidden behind small wheel covering doors; the ailerons and flaps had combined controls; a rated 840 HP 12 cylinder in-line engine of the I.F. "Asso" L.121 type restored power at an altitude of 4000 m; there was a revolution multiplier with a multipliable ratio of 1:1.636; a three-stage axial-flow supercharger had a 125 diameter rotor with 15 blades at a variable pitch, the blades were 27.5 cm long. Therefore, there were in total forty-five blades compared to the twelve 40 cm long blades of the 1937 project; the pitch was adjustable in flight rather than on the ground; the stators to rectify the flow were equipped with 16 blades each; the radiators were split and had a control for the exclusion of an element; there were nine burners

zione della benzina (vaporizzatore toroidale), spina mobile Doble-Pelton raffreddata ad aria con intercapedine ed azionata da tre martinetti idraulici (vedi Appendice n. 29) ed infine compressore centrifugo a 4 stadi mosso da un'elica interna a passo variabile per la pressurizzazione della cabina stagna (vedi Appendice n. 30).

Dal punto di vista aerodinamico, oltre all'evidente metamorfosi nell'apparenza generale dei prototipi definitivi confrontando i modellini inviati a Guidonia nel 1935 e quelli provati nel 1938 nella galleria di Taliedo, anche la pianta alare ed il disegno dei piani di coda subirono un'evoluzione con un occhio sicuramente volto al caccia Supermarine "Spitfire" che era decollato per la prima volta nel marzo 1936, entrando in servizio proprio alla fine del 1938. Infatti la pianta alare divenne decisamente ellittica, come pure i piani di coda, mentre il modellino esposto al Museo dell'Aviazione di Rimini (che è un dono del Dr. Cantelli, nipote dell'Ing. Campini, riproducente in scala minore uno dei modelli inviati a Guidonia nel 1935) evidenzia che pianta alare e piani di coda erano diversi. Quanto infine ai "becchi di compensazione aerodinamica" nel disegno del 26/9/39 appaiono del tipo a "compensazione a becco libero". Per ovviare a ripetuti problemi di instabilità e tendenza a picchiare, comparsi fin dal primo volo del 27/8/40, vi furono numerosi interventi come appare nei resoconti dei vari voli e nel disegno n. 37 del 7/5/41, ma anche alla vigilia del trasferimento a Roma del NC 4849 (in totale almeno tre ritocchi ai becchi di compensazione - vedi Appendici n. 31 e 32).

Nel marzo 1940 vennero assegnati al programma di Campini, provenienti come già accennato da uno stock dell'Aeronautica Militare, alcuni motori Isotta Fraschini "Asso" L.121 MC40, versione migliorata rispetto al modello "Asso" XI MC. Dalla documentazione emergono solo tre numeri di matricola militare assegnati a questi motori, ma

non è escluso che siano stati quattro. Sul prototipo NC 4850 venne però montato inizialmente il motore con matricola MM 19432, recuperato dalla fusoliera di prova. Una volta installato, la cellula del NC 4850, spostata in altro capannone, fu unita ad

for petrol vaporization (toroidal spray vaporizer); there was a movable air-cooled Doble-Pelton pin that had an air gap and was activated by three hydraulic jacks (see appendix no. 29) and finally a four-stage centrifugal compressor moved by an internal propeller with variable pitch for the pressurization of the pressurized cabin (see appendix no. 30).

From an aerodynamic point of view, apart from the evident metamorphosis in the general appearance of the final prototypes compared to the small models sent to Guidonia in 1935 and those tested in the wind tunnel at Taliedo in 1938, also the wing plan and the design of the empennages were developed. It is highly likely that more than a glance had been given to the Supermarine "Spitfire" fighter that had taken off for the first time in March 1936, entering service at the end of 1938. In fact, the Museo dell'Aviazione in Rimini has a gift from Dr Cantelli, nephew of Ing. Campini that reproduces on a smaller scale one of the small models sent to Guidonia in 1935. It serves to show that the wing plan and the empennages were different. Finally as for the "streamlined leading edges" in the drawing of 26/09/39 they appear to be of the "movable streamlined leading edge" type. This was in order to ward off repeated problems of instability and a tendency to dive that began with its first flight on 27/08/40. There were numerous modifications as is apparent in the reports of the various flights and in the drawing no.37 of 07/05/41, but also on the eve of the transfer to Rome of NC 4849 (in total there were at least three adjustments to the balancing lips – see appendixes nos. 31 and 32).

In March 1940 some Isotta Fraschini "Asso" L.121 MC 40 models, a better version than the "Asso" XI MC model, were assigned to the Campini programme, coming as already mentioned from a stock of Aeronautica Militare.

It is clear from the documentation that there were only three military registration numbers assigned to these engines, but a fourth can't be ruled out. However, the engine with the registration number MM 19432, recovered from the test fuselage, was initially mounted on the prototype NC 4850. Once the engine had

Compressore assiale tristadio.

We can see a three stage axial-flow supercharger.

Motore I.F.L.121 MC 40 per i 2 prototipi. (dove M sta per moltiplicatore al posto di R = riduttore).

The I.F. L.121 MC 40 engine is ready for the two prototypes (where M stands for multiplier instead of R for reducer).

*1939: l'ala
in costruzione.*

*The wing
was being
built in 1939.*

ali ed impennaggi e l'aereo risultò completato nel giugno 1940; esso era destinato all'usura con le varie messe a punto mentre l'altra cellula, non usurata, era destinata alla consegna alla committente Regia Aeronautica.

Quanto alla data di ultimazione dei prototipi essa può collocarsi nel mese di giugno 1940 in quanto il 26/7/40 l'ing. Campini comunicava alla Direzione Costruzioni Aeronautiche, Ufficio Sorveglianza Tecnica, presso la Caproni di Taliedo, che "i due prototipi sono pronti ad affrontare le prove contrattuali di collaudo". In effetti all'epoca il prototipo NC 4849 stava ancora completando le prove statiche.

Come si può rilevare anche dall'esame di ben tre documenti fotografici dell'epoca che mostrano le due fusoliere (l'una a fianco dell'altra) in simultanea costruzione alla Caproni di Taliedo, riprese da diverse angolazioni che permettono di constatare lo stato di avanzamento delle due cellule (mentre le ali venivano realizzate in un diverso capannone), la fusoliera NC 4850 (numero progressivo di costruzione della Aeroplani Caproni), identificata dal numero "2" sotto i piani di coda quale secondo apparecchio della serie

*Le due cellule NC 4849
(dietro) ed NC 4850
(davanti) in costruzione
contemporanea.*

*The two cells NC 4849
(behind) and NC 4850
(in front) were being
built at the same time.*

Luglio-agosto 1938: il prototipo NC 4849 in costruzione accanto alla cellula dell' NC 4850

The prototype NC 4849 was being built in July-August 1938. It was next to the cell of NC 4850.

been fitted into the cell of the NC 4850, it was moved into another hangar and joined to the wings and empennages and the aeroplane was completed in June 1940; with all the adjustments and alterations to get it in working condition it became worn out, while the other cell, in prime condition, was intended to be delivered to the customer, the Regia Aeronautica.

As for the date on which the prototypes were completed, it can be established as the month of June 1940 as on 26/07/40 Campini sent the Direzione Costruzioni Aeronautica, Ufficio Sorveglianza Tecnica, at the Caproni factory in Taliedo a communication that "the two prototypes are ready to face the contractual trials of the testing". In fact, at the time the prototype NC 4849 was still completing the static tests.

As we can also gather from the examination of as many as three photograph illustrated documents of the time that show the two fuselages (one by the side of the other) that were being built at the same time at the Caproni factory at Taliedo and were photographed from different angles that allow us to verify how far on the building of the two cells was (while the wings were being produced in a different hangar). The fuselage NC 4850 (the subsequent construction number of Aeroplani Caproni) was identified by the number "2" under the empen-

1939: montaggio della fusoliera sull'ala quasi ultimata.

A shot taken in 1939, the assembling of the fuselage onto the wing had almost been completed.

*1939: completamento
del montaggio dell'ala.*

Another shot taken in
1939, the assembling
of the fuselage onto
the wing had been
completed.

*Il prototipo NC 4849
nel corso delle svariate
prove statiche.
(a destra e nella pagina
a fianco)*

1939: ultime fasi della costruzione.

In this 1939 shot, the last building phases were being completed.

The prototype NC 4849 while it was being subjected to the various static tests.

Prova statica ad aereo rovesciato.

The aeroplane has been turned over for this static test.

"Campini 2", procedette più rapidamente nella sua ultimazione in quanto più facilmente spostabile dal suo scalo di costruzione rispetto al NC 4849, che era stato impostato vicino alla parete del capannone. Aggiungiamo, a questo punto, che la Caproni indicò il NC 4850 semplicemente come "1° esemplare", chiamando poi "2° esemplare" il prototipo NC 4849. Per parte sua la Regia Aeronautica, come risulta dall'elenco ufficiale delle matricole militari che man mano venivano assegnate ai velivoli costruiti in Italia su sua commessa, immatricolò poi col numero MM 487 il prototipo NC 4849 e col numero MM 488 il NC 4850 (vedi Appendice n. 33).

Poiché in merito al problema dell'identificazione dei due prototipi, che erano peraltro identici tranne alcuni particolari interni di interesse sperimentale a livello del compressore e del moltiplicatore di giri, negli anni sono sorte diverse dispute, è bene ricordare quanto stabilisce il R.A.I. (Registro Aeronautico Italiano) per il rilascio del certificato di navigabilità e quindi dell'omologazione del prototipo. In base alle norme R.I.N. ed A. Edizione 1935, il R.A.I. identificava ed identifica i prototipi assegnando il diritto a volare al prototipo che ha superato tutte le prove statiche previste. Nel caso specifico, fu ritenuto "primo prototipo" quello con il numero di costruzione più basso mandato ad affrontare le prove ovvero il NC 4849 (serie costruttiva Caproni) e numero identificativo "1" (serie costruttiva Campini) sotto i piani di coda.

Pertanto, finchè il NC 4849 non uscì dalle prove statiche complete (durate fino al 22/8/40) ottenendo il certificato di navigabilità valido anche per tutti i prototipi successivi e quindi anche per il NC 4850 già uscito in campo per primo ancora l'8/8/40, quest'ultimo (non classificato come "primo prototipo" dal R.A.I.) dovette essere posto in attesa effettuando solo prove motore, rullaggi sul campo "Forlanini" e messe a punto dei freni e degli ipersostenta-

nages, while the second aircraft of the "Campini 2" series was completed more rapidly because it was easier to move from its building-slip than NC 4849, which had been put near the wall of the hangar. We should add, at this stage, that the Caproni Company simply referred to the NC 4850 as the "1st example". It then called the prototype NC 4849 the "2nd example". For its part the Regia Aeronautica, as is seen from the official list of the military registration numbers that was slowly being assigned to the aircraft built in Italy on its orders, then registered the prototype NC 4849 with the number MM 487 and NC 4850 with the number MM 488 (see appendix no.33).

As for the problem of the identification of the two prototypes, which were moreover identical except for some internal features of experimental interest such as the compressor and the revolution multiplier, there have over the years arisen several disputes. It is as well to remember what the R.A.I. (Registro Aeronautico Italiano) (Italian Aeronautical Register) established for the issuing of the airworthiness certificate and therefore of the approval of the prototype. On the basis of the R.I.N. norms and A. Edition 1935, the R.A.I. identified and identifies the prototypes by assigning the right to fly to the prototype that has passed all established static tests. In our case, it was believed that the "first prototype" was that with the lowest construction number sent to face the test and that would be NC 4849 (the Caproni construction series) and the identification "1" (the Campini construction series) under the empennages.

L'Ing. Campini davanti al prototipo NC 4850 appena uscito sul campo di Taliedo-Linate.

Ing. Campini is in front of the prototype NC 4850, which has just come out onto the airfield at Taliedo-Linate.

Tre immagini dell'aereo NC 4850 alle prove di rullaggio a Taliedo, probabilmente l'8/8/1940 (pilota De Bernardi).

tori con finti decolli abortiti all'ultimo momento. La conferma che il prototipo NC 4850, destinato ad uso sperimentale, dovette attendere l'autorizzazione al volo che passava attraverso le prove statiche eseguite sul "primo prototipo" NC 4849, viene dalla lettura dell'informativa inviata il 12/8/40 al Ministero dell'Aeronautica dal Magg. Ugo Filippone dell'Ufficio Sorveglianza Tecnica della R.A. presso la Caproni: in essa si specificava che il prototipo NC 4850 era uscito sul campo già l'8/8/40 (pilota De Bernardi) per eseguire rullaggi di prova dopo aver superato prove statiche parziali ai comandi con verifiche ai freni ed ammortizzatori.

Dal 28/6/40 (data della prima prova motore) il NC 4850 fu dunque sottoposto a Taliedo alle prime prove a terra, prove che si protrassero nei mesi di luglio ed agosto contemporaneamente a varie prove motore. Nel frattempo il NC 4849 aveva completato la maggior parte delle prove statiche (con smontaggio e rimontaggio) che, il 27/7/40, furono effettuate anche alla presenza del Gen. E. Bonessa, altri tecnici della D.C.A., Caproni e Campini e che, come detto, si conclusero positivamente il 22/8/40. In quel periodo l'aereo, non ancora autorizzato a fregiarsi di alcun simbolo, si presentava con cellula vergine da insegne, semplicemente tutto metallico. Ci si limitò alle prove elastiche, perché quelle cosiddette "di rottura" avrebbero pregiudicato ogni possibilità di volo. Come abbiamo detto, con l'esito positivo delle prove statiche sarebbe stato autorizzato il primo volo di prova. E l'autorizzazione fu concessa.

Three pictures of the aeroplane NC 4850 that was being put through taxiing tests at Taliedo, probably on 08/08/1940 (pilot De Bernardi).

Therefore, until NC 4849 managed to complete all the static tests (a process that lasted until 22/08/40) it couldn't obtain the airworthiness certificate. This also applied to all the subsequent prototypes and therefore also NC 4850 that had already entered the field, yet again first, on 08/08/40. The latter (which hadn't been classified as the "first prototype" by R.A.I.) had to be kept waiting. It could only carry out engine tests, take-off runs on "Forlanini" airfield and have its brakes and flaps checked with dummy take-offs that were aborted at the last moment. Confirmation that the prototype NC 4850, intended for experimental use, had to wait for the authorization to fly, which consisted of passing through the static tests carried out on the "first prototype" NC 4849, came from the information sheet sent on 12/08/40 to the Ministero dell'Aeronautica by Magg. Ugo Filippone dell'Ufficio Sorveglianza (Office of Technical Supervision) of the Regia Aeronautica at the Campini factory; it is specified in it that prototype NC 4850 had already gone onto the airfield on 08/08/40 (pilot De Bernardi) to carry out test take-off runs after passing partial static tests with checks on the brakes and flaps.

From 28/06/40 (date of the first engine test) NC 4850 was therefore subjected to the first ground tests at Taliedo, tests that were prolonged until the months of July and August while at the same time it had various engine tests. In the meantime NC 4849 had completed most of its static tests (with disassembling and reassembling) that, on 27/07/40, were also carried out in the presence of Gen. E. Bonessa, other technicians of the D.C.A., Caproni and Campini and that were, as has been said, successfully completed on 22/08/40. At that time the aeroplane, which could not yet be adorned with any symbols, had a cell without any insignia and was simply all metallic. The testing was restricted to resilience tests because those of the so-called "breaking" would have put at risk any possibility of flight. As we have said, once the static tests had been successfully completed, approval would be given for the plane's first test flight. The authorization was in fact conceded.

Inquesta pagina: il prototipo NC 4850 sul campo di Taliedo-Linate.

In this page: the prototype NC 4850 is at Taliedo-Linate airfield.

L'aereo NC 4850 con quanti collaborarono alla sua costruzione: il 6° da sinistra è l'Ing. Gianni Caproni della Aeroplani Caproni S.A. di Taliedo e l'8° da sinistra è l'Ing. Campini.

The aeroplane NC 4840 is seen with all those who helped build it; the 6th from the left is Ing. Gianni Caproni of the Aeroplani Caproni S.A. at Taliedo and the 8th from the left is Ing. Campini.

L'aereo NC 4850 visto di fronte.

The aeroplane NC 4850 is seen from the front.

PRIMI VOLI DEL PROTOTIPO NC 4850...

Come collaudatore dei due prototipi di questo aereo rivoluzionario ed innovativo, privo di quell'elica tanto famigliare a tutti i piloti del tempo, per quanto né la convenzione del 25/5/34 tra Campini e la Caproni né altri documenti fino al 1940 ne parlino, era necessario ricorrere ad un pilota fuori dell'ordinario. E lo sperimentato collaudatore comandante Mario De Bernardi (Venosa (Potenza) 1/7/1893- Roma 8/4/1959), pilota militare da caccia dal 1913, iscritto all'albo professionale dei collaudatori, inventore, consulente tecnico e collaudatore della Caproni di Taliedo, detentore di numerosi primati di velocità e maestro di velocità, campione mondiale di acrobazia, vincitore della Coppa Schneider del 1927 a Venezia con il Macchi M. 52, decisamente lo era. Capo-motorista fu scelto un certo Casalini. Come sarà meglio approfondito in una nota successiva, non volendo includere in quest' opera fatti privi di riscontro verificabile,   sono assolutamente da escludere decolli fuori programma od improvvisati. Infatti, la sostanziale differenza di comportamento al decollo ed in volo tra un apparecchio dotato di motore convenzionale ad elica ed uno dotato di motore a getto impegnò De Bernardi a lungo per familiarizzarsi con le lente reazioni della macchina che, durante i rullaggi, risultava oltretutto sottopotenziata rispetto al peso totale e che doveva affrontare il primo decollo della sua storia senza l'ausilio dei bruciatori che avrebbero comunque assicurato una maggiore velocità di salita ma che non erano ancora stati montati.

Il prototipo NC 4850
a Taliedo dopo
l'applicazione di insegne
e croce sabauda

THE FIRST FLIGHTS
OF THE PROTOTYPE NC 4850...

For a test pilot of two prototypes of this revolutionary and innovative aeroplane, without the propeller that was so familiar to all the pilots of the time, in as much as neither the agreement of 25/05/34 between Campini and Caproni nor other documents until 1940 talk about it, it was necessary to turn to an exceptional pilot; the well tried test pilot Comandante Mario De Bernardi (Venosa (Potenza) 01/07/1893 – Rome 08/04/1959), air force fighter pilot from 1913, enrolled in the professional register for test pilots, inventor, technical consultant and test pilot for Caproni in Taliedo, the holder of numerous speed records and speed king, world champion of aerobatics, winner of the Schneider Cup in Venice with the Macchi M.52 in 1927, certainly was. A certain Casalini was chosen as the chief-air mechanic. As will be explained later in a subsequent note, as we haven't wanted to include in this work facts that haven't been substantiated, we have totally disregarded take-offs that weren't part of the programme or were ad hoc. In fact, the substantial difference in the performance at take off and in flight between an aircraft equipped with a conventional propeller powered engine and one equipped with a jet engine took De Bernardi some time to get used to due to the slow response of the aircraft. In fact, during the take-off runs it was under powered as regards the gross weight and had to face the first take-off in its history without the help of the burners that would, however, have guaranteed a greater climbing speed but that had still not been mounted.

*The prototype
NC 4850 was at Taliedo
after the insignia
and the Savoy Cross
had been applied.*

*Ancora il prototipo
NC 4850 sul campo
di Taliedo-Linate con
insegne e croce sabauda.*

The prototype
NC 4850 is again at
Taliedo-Linate airfield
and is showing its
insignia and Savoy
Cross.

Preceduto nella mattinata da numerose prove motore a cura del sempre presente capo-motorista Casalini, il 27/8/40, alle 19,30, presso l'aeroporto "Forlanini" di Taliedo-Linate (Milano), ebbe luogo il primo volo di officina del 1° esemplare, cioè il NC 4850, quello cioè destinato all'uso sperimentale.

De Bernardi allineò l'aereo contro vento, abbassò quella che in gergo aeronautico viene definita "la biancheria" (flaps ed ipersostentatori regolati sui 14°), tirando i freni e portando il motore al massimo dei giri. Ad un segnale dell'ufficiale di campo il pilota allentò di colpo i freni, realizzò i 120 km/h nello spazio previsto di 700 m. e finalmente portò in volo il primo aviogetto italiano, virando a sinistra come di regola. Ridotti gli ipersostentatori ad un angolo di 8-10° e mantenendo il carrello estratto, toccando una quota di soli 100 m ed una velocità stimata di 220 km/h, dopo un ampio giro del campo ed un volo di soli 8 minuti, De Bernardi riportava a terra il prototipo NC 4850 della serie "Campini 2". Assistevano allo storico avvenimento il Gen. Alberto Briganti (Comandante della 1.a ZAT), l'ing. Gianni Caproni, diversi tecnici civili e militari e naturalmente l'ing. Campini che, dall'inizio dei suoi studi del 1930, aveva atteso 10 anni per poter assistere a quel volo.

Il Magg. Ing. Ugo Filippone, dell'Ufficio di Sorveglianza Tecnica presso la Caproni, il 28/8/40, con relazione Prot. N.13029, comunicava al Ministero gli estremi dell'avvenuto primo volo di officina, intendendosi per tale un volo "interno" effettuato dal costruttore a suo rischio e pericolo. Filippone precisò che, secondo De Bernardi, le stabilità di rotta e longitudinale erano state soddisfacenti ma tacque su una certa tendenza a picchiare.

A questo primo volo, piuttosto reclamizzato sui quotidiani anche nei mesi successivi, seguì, il 16/9/40, quello contrattuale di primo collaudo e di accettazione ufficiale, della durata di soli 5 minuti, col medesimo pilota e senza far uso dei bruciatori che però erano stati montati ma non inseriti al decollo. Preceduto, come il precedente, dalla consueta prova motore (motorista Casalini), esso avvenne alla presenza della Commissione Ministeriale presie-

Taliedo, Agosto o Settembre 1940: De Bernardi sale sul NC 4850 per un volo di prova.

On 27/08/40 the first workshop flight of the 1st example, that is NC 4850, the plane that was to be used experimentally, took place at "Forlanini" airport in Taliedo-Linate (Milan) at 19.30. It was preceded in the course of the morning by numerous engine tests under the control of the ever present chief-air mechanic Casalini.

De Bernardi lined the aeroplane up against the wind lowered what in aeronautical jargon is known as" the linen" (flaps and ailerons put at an angle of 14°) and applied the brakes to work the engine up to the maximum revolutions. At a sign from the airfield official the pilot immediately released the brakes, his aircraft got up to a speed of 120 km/h in the distance of 700 m expected and finally took off in the first Italian jet aircraft, turning to the left as was the procedure. De Bernardi lowered the flaps to an angle of 8-10° and kept the landing gear down, reaching an altitude of only 100 m and an estimated speed of 220 km/h, and after making a wide circle of the airfield and a flight of only eight minutes, he brought the prototype NC 4850 of the "Campini 2" series back to ground. The Commander of the 1st ZAT, Gen. Alberto Briganti, Ing. Giani Caproni, various civil and military aircraft engineers and naturally Ing. Campini were at the event. Campini

Taliedo, Agosto o Settembre 1940: De Bernardi sale sul NC 4850 per un volo di prova.

De Bernardi was climbing into NC 4850 for a test flight at Taliedo in August or September 1940.

Il Comandante Mario De Bernardi.

This is a photo of Comandante Mario De Bernardi.

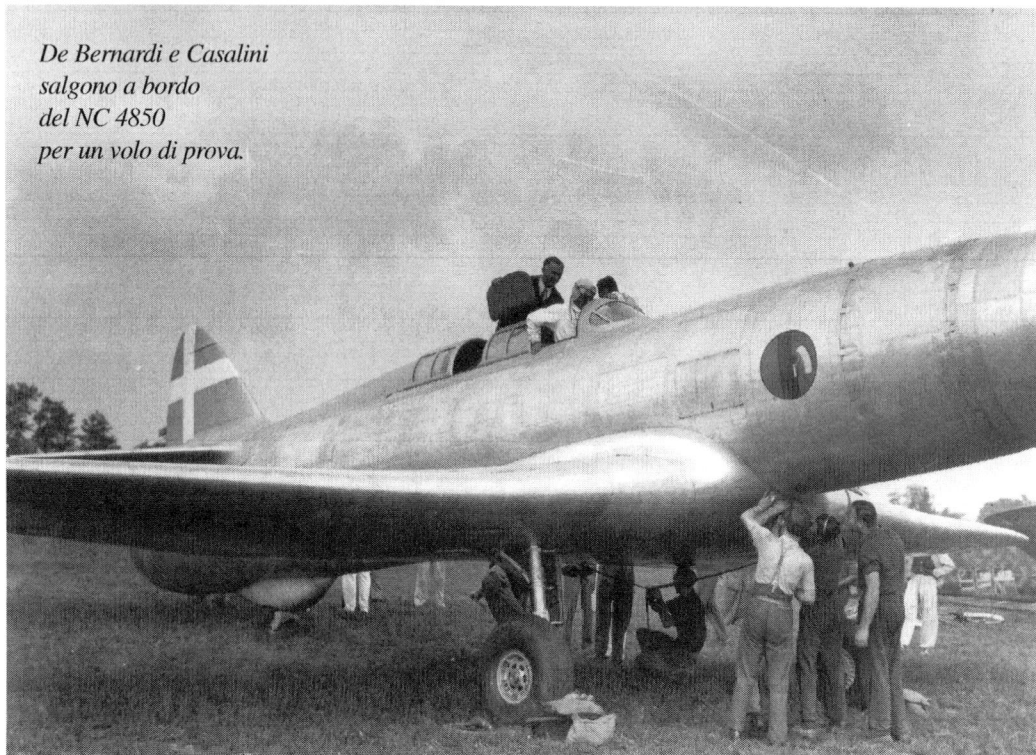

De Bernardi e Casalini
salgono a bordo
del NC 4850
per un volo di prova.

Lo stesso aereo al decollo
da Taliedo con a bordo
De Bernardi e Casalini.

The same aeroplane
is taking off from Taliedo
with De Bernardi
and Casalini on board.

L'aereo atterra
a Taliedo, quasi certa
la data del 27/8/40

De Bernardi and
Casalini are climbing
on board NC 4850
for a test flight.

*Il NC 4850 attorniato
dai tecnici dopo l'atterraggio
a Taliedo.*

NC 4850 is surrounded
by technicians after landing
at Taliedo.

The aeroplane was
landing at Taliedo,
it was almost certainly
on 27/08/40.

*In questa pagina: l'aereo
NC4850 a Taliedo dopo un
volo di prova*

In this page: the aeroplane
NC 4850 was at Taliedo
after a test flight.

had since the start of his studies in 1930 waited ten years to be present at that flight.

Magg.Ing. Ugo Filippone, of the Ufficio di Sorveglianza Tecnica at the Caproni factory, had on 28/08/40, with a report reference no. 13029, communicated the details of the first workshop flight, by which he meant an "internal" flight carried out by the builder at his own risk and danger. Filippone explained that, according to De Bernardi, the directional and longitudinal stability had been satisfactory but didn't mention a certain tendency to dive.

This first flight, which was also quite well advertised in the dailies in the following months, was followed on 16/09/40 by the contractual one of the first test flight and the official acceptance. This lasted only five minutes, with the same pilot and without using the burners that had, however, been mounted but weren't activated at take-off. It was, as before, preceded by the usual engine test (Motorista (Air Mechanic) Casalini) and happened in the presence of the Ministerial Commission presided over by Gen. Enrico Bonessa (D.C.A.). Moreover, it consisted of Ten. Col. Ercole Trigona and Magg. Ing. Sergio Stefanutti. The latter was already at the time a well-known aircraft designer. The above-men-

L'Ing. Campini (a destra) davanti al NC 4850 a Taliedo dopo un volo di prova.

Ing. Campini (on the right)is in front of the prototype, NC 4850, at Taliedo. It has just had a test flight.

duta dal Gen. Enrico Bonessa (D.C.A.) e composta inoltre dal Ten. Col. Ercole Trigona, e dal Magg. Ing. Sergio Stefanutti (già noto progettista di aerei), presenti anche il già citato Magg. Ing. Filippone, altre personalità e tecnici ed ovviamente Campini. In questo caso il decollo fu lungo (840 metri contro i precedenti 700, per cui intervenne una penale contrattuale), inoltre la velocità di salita risultò modesta. L'atterraggio avvenne nello spazio di circa 700 metri. Nel verbale (vedi Appendice n. 34) non si fa cenno alla posizione del carrello nè agli ipersostentatori. L'aereo NC 4850, per quanto non decollato con i bruciatori accesi come da contratto, fu comunque considerato "accettato" dalla Commissione quale esemplare destinato alle prove sperimentali di messa a punto ma non abilitato a volare fuori del perimetro di Taliedo.

A questi due primi voli seguì, per motivi tecnici ma anche per un infortunio subìto dal collaudatore De Bernardi, una stasi di quasi 7 mesi senza alcun volo; dal 17/9/40 al 10/4/41 ebbero luogo innumerevoli prove motore. Si procedette a varie modifiche e miglioramenti che sarebbero poi stati apportati anche al 2° esemplare, cioè al NC 4849. Particolari problemi furono creati dai bruciatori, le cui prove al banco si protrassero sino ad agosto 1941 ricorrendo sempre al sistema a vaporizzazione di benzina ma passando, come ricordato più sopra, attraverso almeno 4 soluzioni diverse. Quanto al collaudatore, una sera in albergo a Milano, causa l'oscuramento previsto in tempo di guerra, cadde nella tromba dell'ascensore subendo la frattura del tallone destro con conseguente degenza di 4 mesi nella clinica Rizzoli.

Con la consueta prova motore prima del volo, la lunga pausa fu interrotta l'11/4/41 con un volo, durato 10 minuti, che aveva lo scopo di controllare le modifiche apportate al carrello ed al timone di direzione lievemente aumentato in superficie; perdurava comunque la tendenza a picchiare.

Finalmente, per la prima volta e sempre preceduto dalla prova motore, il 5/5/41 l'aereo decollò assistito dai bruciatori, con conseguente notevole accor-

1/6/41: l'aereo NC 4850 viene presentato al Generale Francesco Pricolo.

The aeroplane
NC 4850 was presented
to Generale Francesco
Pricolo on 01/06/41.

tioned Magg. Ing. Filippone, other personages and aircraft engineers and obviously Campini were also present. On this occasion the take-off run was long (840 metres compared to the previous 700, for which a contractual penalty was levied); moreover the climbing speed was modest. The landing was completed in a space of about 700 metres. There was no mention made in the record to the position of the landing gear or the flaps (see appendix no.34). Although the aeroplane NC 4850 hadn't taken off with the burners on as stipulated in the contract, it was, however, considered "accepted" by the commission as an example intended for experimental tests and adjustments but not suitable to fly beyond the perimeter at Taliedo.

These two flights were followed, for technical reasons but also because of an injury to the test pilot De Bernardi, by a stasis of almost seven months without any flights. There were countless engine tests from 17/09/40 to 10/04/41. Various modifications and improvements were proceeded with that would then also be incorporated onto the 2nd example, NC 4849. Particular problems were created by the burners, whose bench tests went on until August 1941, and were always to do with the petrol vaporization system. There were, as we can recall from above, at least four attempts to find the right solution. As for the test pilot, an evening in a hotel in Milan was the cause of the injury. During a blackout, a regular occurrence in wartime, he fell into the well of the lift and broke his right heel. He was consequently confined to the Rizzoli clinic for four months.

The long break was interrupted on 11/04/41 when there was a flight, with the usual engine test before the flight, that lasted ten minutes and had the purpose of checking the modifications made to the landing gear and rudder whose surface area was slightly increased. However, the plane's tendency to dive persisted.

At last on 05/05/41, for the first time and again preceded by the engine test, the aeroplane took off assisted by the burners, with a consequent appreciable reduction in the take-off run space and increase in

Il Generale Pricolo scende dall'aereo, accompagnato dall'Ing. Campini, dopo l'ispezione; a bordo il Com.te De Bernardi.

Generale Pricolo is climbing down from the aeroplane, accompanied by Ing. Campini, after examining it; Comandante De Bernardi is on board.

1/6/41 dopo il volo di prova: da sinistra Ing. Campini, Ing. Caproni, Gen. Pricolo, Com.te De Bernardi.

This photo was taken after the test flight on 01/06/41. There were from the left Ing. Campini, Ing.Caproni, Gen.Pricolo and Comandante De Bernardi.

ciamento dello spazio di decollo ed aumento della velocità di salita che passava dai modesti 1,5 m/sec a quasi 5 m/sec come testimonia la relazione finale di Campini del marzo 1942. I bruciatori erano rimasti comunque inseriti per i pochi istanti del decollo (solo ad agosto 1941 essi sarebbero stati in grado di funzionare per diversi minuti senza surriscaldamenti locali). Durante il volo, che anche questa volta era durato solo 10 minuti,   De Bernardi constatò che gli interventi di natura aerodinamica ed un miglior bilanciamento dell'aereo avevano contribuito ad eliminare la pericolosa tendenza a picchiare. Nonostante gli interventi già eseguiti, si ripetè però il fenomeno dell'apertura dei portelli del carrello. Agli effetti della stabilità longitudinale si riscontrò in questo volo come nei successivi quale effetto avessero prodotto alcuni interventi di natura geometrica. Come infatti risulta dal disegno n. 37 del 7/5/41, oltre a modifiche ai becchi di compensazione in entrambi i prototipi, passando da becco libero a becco libero ridotto, l'apertura dei piani di coda era aumentata di 220 mm per soddisfare certe esigenze di stabilità.

Il 29/5/41, con ulteriore volo di prova di 11 minuti, si controllarono gli effetti della diminuzione apportata alla compensazione aerodinamica e degli interventi sui portelli del carrello che si aprivano in volo. Ricomparve però la tendenza a picchiare ma si notò anche un incremento di velocità.

Il 1°/6/41 ebbe luogo la presentazione ufficiale del nuovo aereo al Sottosegretario alla Difesa e Capo di Stato Maggiore dell'Aeronautica Gen. Francesco Pricolo il quale stava compiendo un giro ispettivo alle fabbriche aeronautiche del Nord prima di venir sostituito, alla fine del 1941, dal Gen. Rino Corso Fougier. Il brevissimo volo dimostrativo e di omaggio, della durata di soli 5 minuti, fu effettuato, con accensione dei bruciatori, ovviamente dal prototipo d'uso sperimentale NC 4850 mentre il NC 4849, destinato a venir consegnato in volo a Roma, non venne usato nell'occasione, nonostante la presenza del Capo di Stato Maggiore, in quanto non ancora ufficialmente accettato dalla Commissione che sarebbe giunta a Taliedo solo il 31/8/41.

the climbing speed that went from the modest 1.5 m/sec to almost 5 m/sec as Campini's final report of March 1942 bears witness to. However, the small landing gear doors continued to open, in spite of the modifications that had been made. It was found out on this flight as on subsequent ones what effect some modifications of a geometrical nature had made on the longitudinal stability. In fact, as we can see from the drawing no.37 of 07/05/41, besides the modifications to the balancing leading edges on both the prototypes that extended from the free leading edge to the reduced free leading edge, the span of the empennages was increased by 220 mm to satisfy certain stability requirements.

There was a further test flight that lasted eleven minutes on 29/05/41. It was to check the effects made by the reduction in the aerodynamic balancing and the modifications on the landing gear doors that opened in flight. Nevertheless the tendency to dive reappeared but also an increase in speed was noticed.

On 01/06/41 the official presentation of the new aeroplane to the Undersecretary of Defence and Head of the General Staff of the Regia Aeronautica Gen. Francesco Pricolo took place. He was completing a tour of inspection of the aeronautical factories in the north before being replaced, at the end of 1941, by Gen. Rino Corso Fougier. The very short demonstration and tributary flight, which lasted only five minutes, was obviously carried out, with the burners on, by the prototype for experimental use NC 4850, while NC 4849, intended to be ferried to Rome, wasn't used on the occasion, in spite of the presence of the Head of the General Staff, as it still hadn't been officially accepted by the commission, which would only reach Taliedo on 31/08/41.

Altra foto di rito del 1°/6/41 davanti al prototipo NC 4850: da sin. i Generali Enrico Bonessa e Rino Corso Fougier, gli Ingegneri Campini e Caproni, il Gen. Pricolo, il Com.te De Bernardi, i Generali Bernasconi e Alberto Briganti.

Another typical photo was taken on 01/06/41. There were from left to right in front of the prototype NC 4850: the Generals Enrico Bonessa and Rino Corso Fougier, the Engineers Campini and Caproni, Gen. Pricolo, Comandante De Bernardi and the Generals Bernasconi and Alberto Briganti.

Dovendo affrontare una serie di prove di salita con e senza bruciatori inseriti, i voli furono sospesi per oltre un mese. Durante questo intervallo furono eseguiti degli interventi sul calettamento del piano fisso (una riduzione di 5° rispetto alla posizione anteriore), nonché lo smontaggio dell'intera camera di combustione per verificare lo stato dell'isolamento termico (peraltro risultato efficiente) ed altri interventi anche al motore che denunciava sempre delle piccole perdite ai radiatori.

Finalmente, con un volo di 15 minuti, il 7/7/41 fu effettuata una prova di salita fino a 1000 metri, con e senza uso dei bruciatori, constatando che la velocità di salita era notevole e che era alfine scomparsa la famosa tendenza a picchiare.

...E QUELLI DEL PROTOTIPO NC 4849

Prove dei bruciatori del prototipo NC 4849 a Taliedo, prima del volo per Guidonia.

The burners of prototype NC 4849 are being tested at Taliedo, before the flight for Guidonia.

Tutte le esperienze acquisite col summenzionato 1° esemplare (NC 4850) e le conseguenti modifiche ad esso apportate furono riversate anche sul 2° esemplare (NC 4849), che aveva completato le prove statiche ancora il 22/8/40.

In merito ai vari voli compiuti dai due prototipi e per quanto nel tempo siano comparsi diversi elenchi di tali voli spesso tra loro contrastanti, gli autori del presente libro hanno deciso in ultima analisi di attenersi ad un documento d'epoca emerso dall'archivio Campini ed alla testimonianza scritta di un protagonista, i cui dati concordano con tale documento.

Il documento in questione è lo "Stralcio dei voli effettuati dall'apparec-

Having had to tackle a series of climbing tests with and without the burners activated, the flights were suspended for more than a month. During this period some changes were made to the settings of the fixed plane (a reduction of 5° compared to the front position), as well as the disassembling of the whole combustion chamber to check the state of the thermal insulation (moreover, it was efficient) and also other modifications made to the engine, which was always losing some fluid from the radiators.

Finally, on 07/07/41, there was a flight of fifteen minutes. A climbing test up to 1000 metres was carried out, with and without the use of the burners, and it was noticed that climbing speed was appreciable and that the notorious tendency to dive had at last disappeared.

...AND THOSE OF THE PROTOTYPE NC 4849

All the modifications resulting from the experiences with the above-mentioned 1st example (NC 4850) were also incorporated into the 2nd example (NC 4849), which had again completed the static tests on 22/08/40.

As for the various flights completed by the two prototypes, as with the often conflicting lists of the flights that have appeared over time, the authors of this book have ultimately decided to stick to a document of the time that emerged from Campini's archives and the written testimony of a protagonist, whose data conforms to what is in the document.

The document in question is the "Stralcio dei voli effettuati dall'apparecchio Campini" (Extract of the flights made by Campini's aircraft)

Il prototipo NC 4849 a Taliedo prima del volo Linate-Guidonia.

NC 4849 is at Taliedo airfield before flying froma Linate to Guidonia.

chio Campini" scritto dall'Ing. La Calamita della Caproni di Taliedo ed inviato, in data 22/11/41, all'Ufficio della ditta Caproni di Roma come Allegato n. 5.

Il protagonista, invece, è il Cap. pilota Ing. Giovanni Pedace che nei mesi di aprile e maggio 1968 inviò ad uno dei due autori due lettere con la distinta commentata dei voli eseguiti dai due prototipi, specificando che il primo volo in assoluto del prototipo NC 4849 fu compiuto, lui a bordo, il 31/8/41, quale volo di accettazione da parte del Ministero dell'Aeronautica. Considerato che l'aereo era dotato di cabina pressurizzata con due posti in tandem e doppi comandi, l'Ing. Pedace, presidente dell'Associazione Veterani del Volo, era stato infatti autorizzato a prendere parte, con De Bernardi, ad alcuni voli a Taliedo e soprattutto a quello di trasferimento del NC 4849 a Guidonia-Roma. Qualora l'Ing. Pedace avesse dimenticato qualche volo di prova intermedio (al quale possa avere o non avere partecipato assieme a De Bernardi), è escluso che potesse dimenticare l'emozione del primo volo a bordo di un aviogetto (31/8/41) e del volo di trasferimento per diverse centinaia di chilometri a Guidonia.

Il 21/8/41 Campini aveva comunicato alla D.C.A. di Milano che era pronto per il collaudo di accettazione contrattuale anche il predetto 2° esemplare. Anche per esso a Taliedo erano state eseguite il 27 e 28/8/41 le necessarie prove motore.

Il 31/8/41, davanti alla commissione composta dal Gen. E. Bonessa (che la presiedeva), dal T.Col. E. Trigona e dal Magg. Ippolito De Cristofaro dell' Ufficio S.T. della R.A. presso la Caproni, ebbe luogo la prova di primo collaudo ufficiale del 2° esemplare (NC 4849) per la durata di 7 minuti (vedi Appendice n. 35). L'aereo aveva, al decollo, un peso lordo di 3858 kg ed a bordo c'erano il Col. De Bernardi e l'Ing. Pedace. Il decollo avvenne con accensione dei bruciatori su uno spazio di 630 metri (contro gli 840 del decollo senza bruciatori del 16/9/40 con il NC 4850). L'atterraggio fu eseguito sullo spazio di 650 m (50 in meno di quanto richiesto dal contratto). In quanto cellula che aveva superato tutte le prove statiche complete secondo le norme del R.A.I. (R.I.N.A.) di competenza del "primo prototipo" della serie costruttiva "Campini 2", l'aereo siglava con questo volo il completo rispetto degli estremi contrattuali, dal momento che il trasferimento in volo a Roma fu concordato solo successivamente in quanto non previsto nel Contratto n. 12 di Repertorio.

Secondo la sequenza riportata dal documento stilato dall'Ing. La Calamita, nell'ottobre 1941 la Isotta Fraschini forniva alla Caproni un altro motore per sostituire quello con matricola MM 19432. Il nuovo motore inserito in fusoliera del NC 4849 portava la matricola MM 27275 e fu quello col quale l'aereo arrivò poi a Guidonia (come risulta da un documento della Caproni di Roma del 24/11/42).

Nei due voli successivi vi furono notevoli problemi al motore, sia in quello del 19/10/41, durato peraltro 26 minuti, che in quello del 20/10/41, durato 10 minuti, interrotto per esagerate vibrazioni probabilmente provenienti dalla zona del moltiplicatore di giri ed innesto col motore.

Seguirono tre voli con l'Ing. Pedace a bordo nei giorni 5, 6 e 26 novembre 1941. Quello del 6/11, con salita a 2500 metri con bruciatori accesi per 15 minuti, durò ben 60 minuti in quanto così prescritto dalla D.C.A. per avere l'autorizzazione al trasferimento in volo a Guidonia. Pedace riportò che, nella fase di rientro da tale volo, si produsse, causa una lieve perdita di benzina, un piccolo incendio in coda, presto estinto; tale particolare poteva conoscerlo solo un diretto protagonista e non fu infatti riportato nella dettagliata relazione stesa dall'Ing. La Calamita il 22/11/41 quando i voli del NC 4849 erano ancora in corso a Taliedo.

Il 29/11/41 vi fu un piccolo intermezzo in cui l'Ing. Pedace, per un volo dimostrativo di 10 minuti, cedette il posto, accanto a De Bernardi, al Com.te Guasti. A questo punto si era giunti alla vigilia del grande balzo verso Roma, volo che, nel clima dell'epoca, intendeva assicurare all'Italia un primato aeronautico mondiale.

written by Ing. La Calamita of the Caproni Company in Taliedo and sent, on 22/11/41, to the office of the Caproni Company in Rome as enclosure no.5.

The protagonist, instead, is Cap. Pilota Ing. Giovanni Pedace who in the months of April and May 1968 sent to one of the two authors two letters with a clear comment on the flights made by the two prototypes, explaining that the very first flight of the prototype NC 4849 was completed, with him on board, on 31/08/41. This was the acceptance flight on behalf of the Ministero dell'Aeronautica. Ing. Pedace, President of the Associazione Veterani del Volo (Association of Flying Veterans), was in fact, allowed to take part, with De Bernardi, in view of the fact that the aeroplane was equipped with a pressurized cabin with two seats in tandem and dual controls. They engaged in some flights to Taliedo and above all in that of the transfer of NC 4849 to Guidonia-Rome. Even if Ing. Pedace had forgotten some intermediate test flights (in which he may or may not have participated together with De Bernardi); it's unthinkable that he could have forgotten the emotion of his first flight aboard a jet aircraft (31/08/41) and the transfer flight of several hundred kilometers to Guidonia. On 21/08/41 Campini had communicated to the D.C.A. in Milan that also the aforementioned 2nd example was ready for the test flight for the contractual acceptance. The necessary engine tests had been carried out, also for it, at Taliedo on 27 and 28/08/41.

The first official test flight of the 2nd example (NC 4849) took place at the Caproni factory on 31/08/41. It was viewed by a commission composed of Gen. E. Bonessa (who presided at it), Ten. Col. E. Trigona and Magg. Ippolito De Cristofaro of the Ufficio S.T. of the Regia Aeronautica. It lasted seven minutes (see appendix no.35). The aeroplane had a gross weight of 3858 kg at take off and there were Col.De Bernardi and Ing. Pedace on board. The burners were on at take off, which was accomplished over a space of 630 metres (compared to the 840 m of the take-off run without burners with NC 4850 on 16/09/40). The landing was carried out over a space of 650 m (50 m less than stipulated in the contract). As for the cell it had passed all the complete static tests according to the norms of the R.A.I. (R.I.N.A.) respecting the "first prototype" of the "Campini 2" construction series. The aeroplane had with this flight fulfilled and fully respected the contractual details, given that the flight to Rome fully adhered to what was expected from contract no. 12 in the register.

According to what was reported in the document drawn up by Ing. La Calamita in October 1941, the Isotta Fraschini Company provided Caproni with another engine to replace the one with the registration number MM 19432. The new engine fitted into the fuselage of NC 4849 had the registration number MM 27275 and was the one with which the aeroplane then arrived at Guidonia (as we can see from one of Caproni's documents in Rome of 24/11/42).

In the following two flights there were considerable problems with the engine, both that on 19/10/41, which, however, lasted 26 minutes, and that on 20/10/41, which lasted 10 minutes. The engines were shut off because of too many vibrations that were probably coming from the multiplier and clutch parts of the engine.

Three flights with Ing. Pedace on board followed on 5, 6 and 26 November 1941. The one on 6 November, with a climb to 2500 metres with the burners on for fifteen minutes, lasted for as many as 60 minutes as was laid down by the D.C.A. Therefore, the plane could be ferried to Guidonia. Pedace reported that a small fire started in the tail in the return phase of that flight. It was soon put out because only a little petrol had leaked out. This is a detail that only someone who was there could have known about and in fact it wasn't mentioned in the detailed report drawn up by Ing. La Calamita on 22/11/41 when the NC 4849 flights were still going on at Taliedo.

On 29/11/41 there was a short interval in which Ing. Pedace gave up his seat beside De Bernardi to Comandante Guasti. It was for a ten-minute demonstration flight. At this stage we were on the eve of the great leap towards Rome, a flight that, in the climate of the time, was intended to gain for Italy worldwide aeronautical supremacy.

IL VOLO TALIEDO - GUIDONIA DEL 30/11/41

Arriviamo così al fatidico volo di domenica 30/11/41, data in cui fu effettuato il previsto trasferimento del 2° prototipo (NC 4849) dall'aeroporto "Enrico Forlanini" di Taliedo-Linate (Milano) al Centro Sperimentale di Volo di Guidonia (Roma). Pilota il solito De Bernardi e co-pilota il già citato Ing. Pedace.

Impegnata tutta la mattinata a controllare la regolarità del motore matricola MM 27275 sotto le attente cure del sempre presente capo-motorista Casalini, il pomeriggio del 30/11/41, dopo il solito controllo esterno del velivolo, De Bernardi prendeva posto in cabina, questa volta con tenuta di volo in pelle foderata, mentre l'Ing. Pedace si sistemava alle sue spalle con la sua grossa borsa piena di lettere con l'annullo di partenza del primo trasporto postale a reazione del mondo, uno dei primati indiscussi del nuovo aereo.

Ovviamente nulla si sapeva allora dell'aereo Heinkel He-178 V1 il cui primo volo era avvenuto ancora il 27/8/39 e cioè esattamente un anno prima del Campini-Caproni NC 4850. Esso era propulso da un vero turbogetto composto da compressore radiale, turbina a gas e camera di combustione anulare a flusso invertito. Il volo dell'Heinkel per vari motivi non era stato omologato alla F.A.I. (Federazione Aeronautica Internazionale) di Parigi con le dovute prove documentarie e testimonianze di rito.

L'NC 4849 in volo sopra l'aeroporto di Linate nel corso del trasferimento a Guidonia.

NC 4849 is flying over Linate airport in the course of its transfer to Guidonia.

THE TALIEDO - GUIDONIA FLIGHT OF 30/11/41

So we come to the fateful flight of Sunday 30/11/41, the date on which the planned transfer of the 2nd prototype (NC 4849) from "Enrico Forlanini" airport at Taliedo-Linate (Milan) to the Centro Sperimentale di Volo (Experimental Flight Centre) in Guidonia (Rome) was carried out. The pilot was the usual De Bernardi and the co-pilot was the above- mentioned Ing. Pedace.

De Bernardi, who during the morning under the attentive eye of the ever present chief-air mechanic, Casalini, had ensured that the engine, registration number MM 27275 was working properly, took his place in the cabin on the afternoon of 30/11/41, after the usual check of the outside of the aircraft. This time De Bernardi was wearing a lined leather flying suit, while Ing. Pedace settled in behind him with a large bag full of letters. He was safe in the knowledge of being part of the departure of the first jet engine postal transport plane in the world. This was one record it couldn't be denied.

Obviously nothing was then known of the Heinkel He-178 V1, whose first flight had, in fact, taken place on 27/08/39, that is exactly a year before the Campini-Caproni NC 4850. It was powered by a real turbojet composed of a radial compressor, gas turbine and annular combustion engine with inverted flow. The Heinkel's flight was not approved at the F.A.I. (Federazione Aeronautica Internazionale) (International Aeronautical Federation) in Paris because for various reasons it was without the appropriate documentary proof and obligatory eye witness accounts.

L'NC 4849 durante il volo Linate-Guidonia.

NC 4849 is flying from Linate to Guidonia.

Vista di fronte del prototipo NC 4849 nel corso del volo Linate-Guidonia.

Here we have a view of the front of prototype NC 4849 in the course of its flight from Linate to Guidonia.

Passaggio dell' NC 4849 sopra l'aeroporto di Pisa durante il volo Linate-Guidonia.

NC 4849 is flying over Pisa airport during the Linate to Guidonia flight.

Il volo del Campini-Caproni, invece, fu regolarmente controllato a Milano ed a Guidonia da due commissari e da delegati e cronometristi della Reale Unione Nazionale Aeronautica (R.U.N.A. già Regio Aero

Campini-Caproni's flight, instead, was normally checked at Milan and Guidonia by two commissioners, delegates and time-keepers of the Reale Unione Nazionale Aeronautica (R.U.N.A. which had already become Regio Aero Club d'Italia). The F.A.I., on being asked by the latter and not having anything more important to do, registered the flight at the beginning of 1942, defining it, at that moment, " the first jet engine aerodyne in the history of aviation". Subsequently it doesn't seem that that registration was rectified after the Heinkel 178's flight was known about.

De Bernardi (sull'ala) e Pedace (nella sua cabina con il carico postale) al loro arrivo all'aeroporto di Guidonia.

De Bernardi is on the wing and Pedace is in his cabin with the postal load, shortly after arriving at Guidonia airport.

However, the aeroplane took off from Linate at 14.42, with a load of 800 litres of petrol (equal to 576 kg). It reached Guidonia at 16.58, so it had taken 2 hours 15 minutes and 47 seconds on the flight. It followed a route without stops of 474 km at an average speed of 209.451 km/h. It broke several distance, duration and speed records that had up to that moment been unbeat-

Al termine del volo l'NC 4849 passa sopra l'aeroporto di Guidonia.

It is the end of the flight and NC 4849 is flying over Guidonia airport.

Club d'Italia). Su richiesta di questi ultimi la F.A.I., non risultandole altre priorità, registrò il volo agli inizi del 1942 definendolo, in quel momento, "il primo di un'aerodina a reazione nella storia dell'aeronautica". Non risulta che, successivamente, tale registrazione sia stata rettificata dopo che si venne a conoscenza del volo dell'Heinkel 178.

Comunque, con un carico di 800 litri di benzina (pari a 576 kg), decollato da Linate alle 14,42, l'aereo raggiunse Guidonia alle 16,58 impiegando pertanto, nella traversata, 2 ore 15 minuti e 47 secondi su un percorso complessivo senza scalo di 474 km, ad una velocità media di 209,451 km/h, conquistando diversi primati di distanza, durata e velocità sino a quel momento imbattuti per la categoria di aviogetto a motoreattore. Superato l'Appennino, per ragioni meteorologiche, l'aereo aveva dovuto deviare verso Pisa (senza atterrarvi) e sorvolare quindi il Lago di Bracciano prima di atterrare felicemente a Guidonia. A causa della citata deviazione e compiendo il trasferimento a velocità ridotta per economizzare prudenzialmente sul carburante il volo richiese più tempo di quanto era stato preventivato. Si compiva in tal modo un volo che, a rigore, avrebbe dovuto compiersi entro il 31 dicembre 1936 come da termini contrattuali iniziali; a quella data invece, come detto più sopra, risultava costruita solo la fusoliera di prova con i risultati che abbiamo visto e che avevano richiesto una radicale revisione del progetto e della data di consegna.

5/12/41: l'aereo NC 4849 a Roma sorvola l'Altare della Patria.

Aeroplane NC 4849 is flying over the Altare della Patria (Altar of the Fatherland) in Rome on 05/12/41.

IL PROTOTIPO NC 4849 A GUIDONIA

In merito agli eventi che interessarono il prototipo NC 4849 (indicato da Campini col numero identificativo "1" nella serie dei "Campini 2") a Guidonia dopo il 30/11/41, vi sono due fonti attendibili. La prima, citata da tutte le bibliografie su quest'aereo, è il rapporto tecnico redatto dal S/Ldr F.E. Pickles (M.A.P.) per conto del "Combined Intelligence Objectives Sub-Committee" britannico in data posteriore al 30/6/44, che si concentra sulla traduzione del Rapporto n. 72 (Ottobre 1942) del Centro Sperimentale di Guidonia.

La seconda fonte, italiana, datata 27/11/42, è la "Relazione sul Velivolo Caproni-Campini MM 487 n. 4849" (Prot. N. 2315) stesa dall'Ufficio di Roma della

en by the jet aircraft with a motorjet. Once the aeroplane had passed the Apennines it had, because of the weather conditions, to divert towards Pisa (without landing there) and so fly over the Lago di Bracciano (Lake Bracciano) before happily landing at Guidonia. The flight took longer than had been expected because of the cited diversion and by completing the transfer at a reduced speed to economize on the use of fuel. It was in this way that a flight, which strictly speaking, should have been completed by 31 December 1936 according to the initial contractual terms, came to an end; on that date, instead, as has been said before, only the test fuselage had been built with a disappointing outcome. It was for this reason that the project was radically redesigned and a new delivery date set.

THE PROTOTYPE NC 4849 AT GUIDONIA

Sopra e sotto:
l'aereo NC 4849
a Guidonia dopo
lo storico volo da Linate.

As for the events that concerned the prototype NC 4849 (referred to by Campini with the identification number "1" in the "Campini 2" series) at Guidonia after 30/11/41, there are two reliable sources. The first, quoted by all the biographies on this aeroplane, is the technical report written by Squadron Leader F.E. Pickles (M.A.P.) on behalf of the British "Combined Intelligence Objectives Sub-Committee" on a date after 30/06/44, which was based on the translation of the Report No.72 (October 1942) of the Centro Sperimentale (Experimental Centre) at Guidonia.

Top and below:
aeroplane NC 4849
is at Guidonia after
the historical flight
from Linate.

The second source, which was Italian and dated 27/11/42, is the " Relazione sul Velivolo Caproni-Campini MM 487 no. 4849" (Report on the Caproni-Campini Aircraft MM 487 no.4849) (reference no.2315) drawn up by the Rome office of the Aeroplani Caproni S.A. and sent to the Aeroplani Caproni in Milan on

Aeroplani Caproni S.A. e spedita il 3/12/42 alla Aeroplani Caproni di Milano. Tale relazione riguarda tutti i fatti dall'arrivo a Guidonia il 30/11/41 al giorno 3/11/42, mentre il rapporto britannico si ferma ai fatti sino al 27/8/42. Oltre a ciò, il rapporto della Caproni di Roma risulta molto più ricco di informazioni in quanto, al di là dei voli veri e propri, specifica i fatti avvenuti nell'intero mese di dicembre 1941. Infatti cita la visita di Mussolini eseguita di buon mattino il 6/12/41 alla presenza di Caproni e durante la quale De Bernardi compì un volo dimostrativo. Lo stesso giorno il "Corriere della Sera" precisava che De Bernardi , su specifica richiesta del Duce, il giorno prima aveva sorvolato per due volte l'Urbe (anche sopra l'Altare della Patria), mantenendosi alla quota di 150 m e ad una velocità dichiarata di 400 Km/h, esagerando un po' per motivi propagandistici, non essendo stati inseriti i bruciatori. Il citato rapporto, inoltre, indica un numero maggiore di voli (in totale 11 contro i 7 del rapporto britannico) ed è integrato da una piccola relazione collaterale riguardante le riparazioni operate al motore matricola MM 19448. Infatti la relazione consente di capire che a Guidonia, da Taliedo, giunsero (includendo quello montato in partenza) almeno tre modelli dell'Isotta Fraschini "Asso" L.121 (con matricole MM 19432, 19448 e 27275) a riprova dei continui problemi creati dall'apparato propulsivo. Il fatto che il rapporto della Caproni di Roma termini con il 3/11/42 mentre quello del Centro Sperimentale di Guidonia citato dal rapporto britannico termini con ottobre 1942 sta ad attestare che, con un ultimo intervento eseguito il 31/8/42 su una pompa ad ingranaggi dell'aereo, in pratica si chiudeva il programma dei voli tant'è che il 3/11/42 si chiedeva di rispedire a Taliedo i materiali residui e le attrezzature di lavoro.

Comunque, appena giunto a Guidonia il 30/11/41, si provvide a mantenere l'aereo in condizioni di volo in quanto il programma dei test previsti era piuttosto intenso. Nei primi giorni di dicembre 1941 fu sistemato il piano fisso di coda come da indicazioni dell'Ing. Campini ed a tampona-

Dicembre 1941:
l'aereo NC 4849
sul campo di Guidonia.

Aeroplane NC 4849
is at Guidonia airfield
in December 1941.

Il Com.te De Bernardi scende dall'aereo NC 4849 a Guidonia dopo un volo di prova.

03/12/42. This report deals with all the facts from the arrival at Guidonia on 30/11/41 to 03/11/42, while the British report was limited to the facts up to 27/08/42. Apart from that, the Caproni Company's report was much richer in information, in as much as, besides the actual flights, it describes the events that happened in all of December 1941. In fact, it cites the visit Mussolini made in the presence of Caproni early in the morning on 06/12/41 and during which De Bernardi completed a demonstration flight. On the same day the "Corriere della Sera" wrote that De Bernardi, specifically requested by the Duce, had the day before flown over Urbe twice (also above the Altare della Patria (Altar of the Fatherland)), keeping to an altitude of 150 m and at a speed declared to have been 400 km, no doubt this was a little exaggerated for propaganda purposes, as the burners hadn't been activated. The cited report, moreover, mentions a greater number of flights (11 in total compared to the 7 in the British report) and is complete with a small secondary report about the repair work done to the engine registration no. MM 19448. In fact, the report helps us to understand that at least three Isotta Fraschini "Asso" L.121 Models (registered as MM 19432, 19448 and 27275), including the one assembled and ready to leave, had continual problems created by the propulsive apparatus and had reached Guidonia from Taliedo. The fact that the Caproni report in Rome ends on 03/11/42, while that of the Centro Sperimentale (Experimental Centre) at Guidonia cited by the British report ends in October 1942 testifies to the fact that with a last modification made to a gear pump of the aeroplane the flight programme practically came to an end. This can be seen from the fact that on 03/11/42 there was the request to send back the remaining material and work tools.

However, as soon as the aeroplane reached Guidonia on 30/11/41, much was done to keep it in airworthy condition as the programme of tests planned for it was rather intensive. In the first few days in

Comandante De Bernardi is climbing down from aeroplane NC 4849 at Guidonia after a test flight.

Il cruscotto del pilota nel prototipo NC 4849 a Guidonia.

A shot of the pilot's instrument board in NC 4849 while the plane is at Guidonia.

re alcune piccole perdite da un serbatoio.

Il 12/12/41 furono montate le attrezzature per la misurazione e la registrazione dei dati e la calibratura dell'indicatore di velocità che all'epoca si eseguiva con il metodo di Pitot. Quel giorno e quello successivo non poterono essere utilizzati per prove in volo causa le pessime condizioni meteorologiche oltre che per una perdita di liquido refrigerante. Ciò nonostante il velivolo, considerato che era costretto a terra, venne parimenti visitato dal Gen. Ilari, dal Gen. Mecozzi, dall'Ing. Zappa ed altre autorità.

Il 30/12/41 si provvide alla scritturazione, sotto i piani di coda, del numero di costruzione 4849 e di quello di matricola militare MM 487, verificando che il motore allora installato era un I.F. "Asso" L.121 R3 C40 con matricola MM 27275. Quindi il 7/1/42 si procedette alla verifica del peso a vuoto di 3668 kg, al lordo della strumentazione, dell'acqua di raffreddamento e dell'olio lubrificante.

Finalmente il 9/1/42 De Bernardi eseguì in volo la taratura dell'anemografo ma al secondo passaggio dovette rientrare per scarsa visibilità dovuta alla nebbia.

Il tentativo del giorno successivo si risolse con un rinvio in quanto, smontati compressore e motore, apparve evidente che si erano prodotte delle incrinature alla testata dell'ottavo cilindro del motore. Il rapporto del 14/1/42 parla di "attesa del nuovo motore" ma si ha motivo di credere che a Taliedo furono eseguite delle riparazioni sullo stesso esemplare in quanto non si citano gli estremi di una nuova unità motrice. A seguito di interventi da eseguire a Taliedo sull'intero compressore assiale (in particolare sull'albero di collegamento al motore), l'aereo rimase fermo per un paio di mesi, tuttavia il 29/1/42 venne presentato durante una visita di una commissione militare ungherese, ma non nelle condizioni di volare.

Come da comunicazione di Campini al Ministero il 21/1/42 il prezzo totale aggiornato del progetto saliva intanto a Lit. 8.550.000, poi accettati dal Ministero nell'importo riconosciuto di Lit. 8.346.700.

Finalmente il 26/3/42, rimontato il compressore, si riprendevano le prove motore tanto che il 3/4/42 l'apparecchio era pronto a riprendere i voli. Quel giorno il carrello fu provato in apertura e chiusura con esito favorevole. Infatti il 6/4/42 De Bernardi eseguì in volo la taratura dell'anemografo senza inserire però i bruciatori.

Dopo aver eseguito l'8/4/42 un controllo dei pesi con un risultato lordo di

December the fixed plane of the tail was put right following Ing. Campini's instructions and work was done to block off some small leaks from a tank.

On 12/12/41 the equipment for measuring and registering the data and gauging the air speed indicator, which at the time was done with the Pitot method, was put in place. On that day and the following one the equipment couldn't be tested in flight because of the very bad weather conditions as well as a loss of coolant fluid. Although the aircraft couldn't be flown, it was looked over all the same by Gen. Ilari, Gen. Mecozzi, Ing. Zappa and other authorities.

On 30/12/41 the writing, under the empennages, of the construction number 4849 and that of the military registration number MM 487 was seen to. It was to verify that the engine installed at the time was the I.F. "Asso" L.121 R3 C40 that had the registration no. MM 27275. Then on 07/01/42 it was the turn to verify the empty weight of 3668 kg, the gross weight of the instrumentation, the cooling water and lubricating oil.

Finally on 09/01/42 De Bernardi carried out a test in flight of the calibration of the anemograph but after flying over the airfield a second time he had to land because of poor visibility due to fog.

On the attempt the following day he had to turn back early because of a problem with the plane. It was seen on dismantling the compressor and the engine that some cracks had been created on the head of the eighth cylinder of the engine. The report of 14/01/42 talks about "waiting for a new engine" but one has the impression that some repairs had been carried out on the same example in Taliedo as there are no details about a new power unit. Following some modifications that had to be carried out on the whole axial-flow supercharger (particularly on the shaft that connected with the engine), the aeroplane was stationary for a couple of months. On 29/01/42, nevertheless, it was presented during a visit by a Hungarian military commission, but it was in no condition to fly. As we can see from Campini's communication with the Ministry on 21/01/42 the total up-to-date price of the project had in the meantime risen to 8,550,000 lire; the Ministry then agreed to forward the sum of 8,346,700 lire.

Finally on 26/03/42, with the compressor reassembled, the tests on the engine started again so that on 03/04/42 the aircraft was ready to fly. On that day the landing gear was successfully tested in the open and closed position. In fact on 06/04/42 De Bernardi tested out the calibration of the anemograph without, however, activating the burners.

L'aereo NC 4849 sul campo di Guidonia.

Aeroplane NC 4849 is at Guidonia airfield.

*Vista posteriore
del prototipo NC 4849
sul campo di Guidonia.*

Here we have a rear
view of prototype
NC 4849 at Guidonia
airfield.

*Ugello di scarico e piani
di coda del prototipo
NC 4849 a Guidonia.*

We can see the
exhaust nozzle and
empennages of prototype
NC 4849 at Guidonia.

4217 kg (peso a vuoto 3640 kg, benzina 365 kg (litri 500), olio 27 kg, strumenti 15 kg, 2 persone a bordo 170 kg), De Bernardi il 9/4/42 avrebbe dovuto passare alle prove di velocità con e senza bruciatori, alle quote di 1000/2000/3000 m, ma dopo aver esaurito il programma a quota 1000 m fu costretto a rientrare per un eccessivo aumento della temperatura dell'acqua. Arrivato all'atterraggio, si accorse di avere una sola ruota estratta – la destra – mentre l'altra era retratta. Nel rapporto fu scritto: "il pilota nelle suddette condizioni ha fatto un atterraggio da grande maestro", per cui i danni si ridussero al ruotino posteriore ed a parti non vitali della cellula. Purtroppo l'aereo era privo di un sistema di emergenza manuale. Il danno complessivo risultò essere di 20.000 lire di allora, ma i lavori di reintegro, sempre per i continui interventi sul motore (cambio dei getti del carburatore), ed in particolare sulle valvole dell'impianto idraulico, in assenza del personale della Isotta Fraschini si protrassero fino al 26/5/42; il rapporto riferisce che il motore allora montato era un "Asso" L.121 MC40 n. 850 MM 19448.

Eseguite delle ulteriori verifiche di funzionamento del carrello anche alla presenza dell'Ing. Campini, il 10/6/42 De Bernardi eseguì la prova di velocità, con e senza bruciatori, alla quota di 1000 m sotto controllo dei cineteodoliti che però non consentirono di stimare la deriva. Comunque la velocità media tra andata e ritorno risultò di 292 km/h.

Il 12/6/42 venne eseguito un nuovo volo durante il quale però il portellone del vano carrello destro non si chiuse per cui, riparato l'inconveniente, a 700 m di quota il motore non mantenne la potenza normale.

On 08/04/42 after carrying out a check on the weights that were gross 4217 kg (empty weight 3640 kg, petrol 365 kg (500 litres), oil 27 kg, instruments 15 kg, two people on board 170 kg, De Bernardi should have gone on to the speed tests with and without burners, at the altitudes of 1000, 2000 and 3000 m, but after concluding the programme at an altitude of 1000 m he was forced to return because the water temperature had risen too much. When about to land he noticed that the plane's right wheel was extracted but the other one was retracted. It was written in the report: "the pilot in the above-mentioned conditions landed like a real maestro, so that the damage was limited to the rear wheel and to the non vital parts of the cell. Unfortunately the aeroplane was without a manual emergency system. The overall damage was to amount to 20,000 lire of the time, but the restoration work, again for the continual modifications to the engine (changing the air jets in the carburettor) and in particular to the valves of the hydroplant went on until 26/05/42. This was because of a shortage of personnel from Isotta Fraschini. The report explained that the engine that was mounted at the time was an "Asso" L.121 MC40 no. 850 MM 19448.

On 10/06/42 once the final checks on the functioning of the landing gear had been carried out, in the presence of Ing. Campini, De Bernardi carried out the speed test, with and without burners, at an altitude of 1000 m under the monitoring of the cine-theodolites, which couldn't, however, monitor the fin. However, the average speed between the outward and return journey was 292 km/h.

On 12/06/42 while another flight was being carried out, the door for the right landing gear couldn't be closed, so the pilot had to put the problem right at an altitude of 700 m. Therefore the engine didn't have its normal power.

*Some pictures of the tests
that were carried out
on prototype NC 4849
at Guidonia in 1942
to check the working
of the burner.
Ing. Campini is seen
behind the flame.*

*Visita di cadetti
dell'Accademia
Aeronautica a Guidonia
il 12/9/42.*

Il 20/6/42 fu programmata la prova dei consumi, con un peso totale di 4368 kg (benzina lt 800 + 60 riserva, olio 50 kg, pilota 85 kg, strumenti 5 kg). In 21 minuti furono consumati 550 litri di carburante (26,2 lt/minuto), contro i 28 lt/minuto rilevati a terra, secondo il rapporto della Caproni.

Il 23/6/42 De Bernardi eseguì il volo di prova in quota, riscontrando in velocità un aumento ad oltre 85° C della temperatura dell'acqua del motore.

Ricevuto da Milano via ferrovia un nuovo radiatore, si constatò che durante il viaggio si erano prodotte sette piccole falle, riparate il 22/7. Purtroppo il giorno 28/7/42, durante lo spostamento dell'aereo dalla linea di volo all' hangar, per il banale spostamento della leva di comando, l'aereo collassò sul carrello destro (rottura della gamba).

Il 30/7/42 l'aereo venne predisposto per altri voli con un carico di 840 litri di benzina, allo scopo di avere conferma sui dati relativi ai giri/motore (da 2050 a 2350 giri/minuto cui corrispondevano da 3354 a 3845 giri/minuto del compressore propulsivo). Alla massima velocità il compressore, con 2470 giri/motore, sviluppò 4036 giri/minuto. Poiché il rapporto parla della prova motore eseguita il 23/7/42, si ha ragione di credere che il 30/7/42 sia stato eseguito un volo per la rilevazione di questi dati.

Praticamente per quasi tutto il mese di agosto l'aereo rimase fermo sia per mancanza di carburante, sia per installare nuovi strumenti, come la fotocamera tipo Robot per la ripresa della posizione del carrello e dei flaps. L'aereo si avviò quindi ad eseguire i suoi ultimi voli.

On 20/06/42 the consumption test was carried out. There was a gross weight of 4368 kg (petrol 800 litres plus 60 litres in reserve, oil 50 kg, pilot 85 kg, instruments 5 kg). According to Caproni's report 550 litres of fuel (26.2 litres/minute) were consumed in 21 minutes, compared to 28 litres/minute recorded on the ground.

On 23/06/42 De Bernardi carried out a test flight at altitude. He noticed that at speed the water temperature of the engine increased to over 85°.

When a new radiator had been received from Milan by rail, leaks were found in seven different places. They were repaired on 22 July. Unfortunately on 28/07/42, while the aeroplane was being moved from the flight line to the hangar, the control lever was accidentally touched, so the plane's right landing gear collapsed (the leg was broken).

On 30/07/42 the aeroplane was ready for other flights, filled with 840 litres of petrol, with the aim of confirming the data relating to the engine revolutions (from 2050 to 2350 revolutions/minute which corresponded to the 3354 to 3845 revolutions/minute of the propulsive compressor). At 2470 engine revolutions the compressor was working at maximum speed. At this speed it generated 4036 revolutions per minute. Since the report talks about an engine test carried out on 23/07/42, it is reasonable to believe that on 30/07/42 there was a flight to gather all this data.

Practically for almost all of August the aeroplane was stationary both because of a shortage of fuel and the need to install new instruments, such as the Robot type of camera for taking shots of the positioning of the landing gear and the flaps. Therefore the aeroplane was set to carry out its last flights.

Accademia Aeronautica (Aeronautical Academy) cadets were making a visit to Guidonia on 12/09/42.

*L'aereo NC 4849
sul campo di Guidonia
dopo l'incidente
al carrello dell'8/4/42.*

Aeroplane NC 4849
is at Guidonia airfield
after the incident
in which the landing
gear was damaged.

*L'aereo NC 4849
in hangar a Guidonia:
ben visibili le palette
del compressore assiale.*

Aeroplane NC 4849
is in a hangar at
Guidonia; the blades
of the axial compressor
are clearly seen.

*Due immagini dell'NC
4849 a Guidonia durante
i lavori di manutenzione.*

Here are two pictures
of NC 4849 at Guidonia
during maintenance
work.

Infatti il 26/8/42 De Bernardi eseguì la prova di salita con e senza bruciatori accesi ma vi fu una palese irregolarità di funzionamento causa un disinnesco spontaneo della pompa di alimentazione. Il volo durò 72 minuti. Il giorno seguente, con un volo di 87 minuti, la situazione migliorò decisamente, ma si ripetè l'incidente alla pompa di alimentazione e si ebbero inconvenienti a due cilindri del motore. Comunque a questo punto il motore era tutto da revisionare e venne smontato metà musone. Significativo il fatto che, a questo punto, nel rapporto della Caproni venga specificato testualmente: "l'apparecchio è inefficiente a causa del motore", con ciò implicitamente ammettendo che, se l'idea di Campini era buona, non altrettanto lo erano i mezzi messigli a disposizione. Di fatto il Campini-Caproni era giunto al suo capolinea.

Per quanto in appendice sia riportata una scheda tecnica specifica, qui si

*L'aereo presentato
ai militari ungheresi
a Guidonia il 29/1/42.*

The aeroplane is being
shown to the Hungarian
officers at Guidonia
on 29/01/42.

In fact on 26/08/42 De Bernardi carried out the test climb with and without the burners on but there was a clear case of malfunctioning because of a spontaneous disengagement of the feed pump. The flight lasted 72 minutes. On the following day, with a flight of 87 minutes, the situation improved considerably but the incident with the feed pump was repeated and there were mishaps with the two engine cylinders. However, at this stage the entire engine had to be overhauled and half of its nose was dismantled. It is significant that at this stage in Caproni's report it is stated clearly; "the aircraft is inefficient because of the engine". On taking this for granted but accepting that Campini's idea was good, it follows that the means put at his disposal weren't. In fact, the Campini-Caproni had reached the end of the road.

Although there is a detailed technical layout produced in the appendix, we should like it to be remembered that at 300 m and with the burn-

*La missione ungherese
in visita al prototipo
NC 4849
a Guidonia il 29
Gennaio 1942.*

The Hungarian mission
that came to see
prototype NC 4849
at Guidonia on
29 January 1942.

vuol ricordare che a 3000 m e con i bruciatori inseriti l'aereo realizzò una velocità di 359,5 km/h, mentre senza bruciatori alla stessa quota toccò i 325 km/h ad evidenza che l'aereo era nettamente sottopotenziato. Quanto poi alla velocità di salita, mentre l'Ing. Campini nella sua relazione tecnica del marzo 1942 parlava di 1,5 m/sec senza bruciatori e di quasi 5 m/sec con i bruciatori, di fatto con i bruciatori in funzione essa non superò i 2 m/sec, come fu verificato nel corso della prova di salita del 7/7/41 da 0 a 1000 m di quota.

Qui e più sotto: sei diverse immagini dell'aereo NC 4849 all'ingresso di un hangar a Guidonia nel 1942 quali risultano dal rapporto tecnico inglese Pickles del 1944.

ers activated the aeroplane reached a speed of 359.5 km/h, while without the burners on at the same altitude it touched 325 km/h. The aeroplane was clearly underpowered. What then of the speed of climb? Ing. Campini in his technical report of March 1942 talked about 1.5m/sec without burners and almost 5 m/sec with the burners but the fact is that with the burners in action it did not exceed 2 m/sec, as was proved in the course of the climbing test from 0 to 1000 m altitude on 07/07/41.

Here and just below: here we have six different pictures of aeroplane NC 4849 at the entrance to a hangar at Guidonia in 1942 which come from the British technical report by Pickles in 1944.

IL DESTINO DEI DUE PROTOTIPI

Come abbiamo detto più sopra la fusoliera sperimentale, dal deposito della Caproni a Taliedo, passò nel dopoguerra al Museo della Scienza e della Tecnica di Milano.

Il prototipo NC 4850 invece, esaurita la sua funzione per la messa a punto del NC 4849 spedito a Guidonia, rimase accantonato in un deposito a Taliedo. Nel dopoguerra, prima del marzo 1951, la cellula, smontata e priva di motore (in quanto era stato inviato a Guidonia ad integrare gli altri 2 esemplari di I.F. "Asso" L.121 MC40 sempre in manutenzione), fu trasferita alle ex-officine C.A.B. di Ponte San Pietro (Bergamo) ed ivi recuperata dall'A.M.I. nell' aprile 1952.

Fu esibito in diverse manifestazioni aeree come quella organizzata a Linate-Aeroporto "Forlanini" il 21/9/52 in concomitanza con la GA 52 o Giornata Aerea della Madonnina. Comparve quindi nel giugno 1956 alla mostra statica della Manifestazione Aerea di Fiumicino (MAF 56) con un anacronistico anello rosso sulla presa d'aria ed una fascia bianca ridotta sulla fusoliera. Non esistendo ancora un museo dell'A.M.I., il NC 4850, così decorato, finì al Museo Nazionale della Scienza e della Tecnica di Milano in conto deposito dell'Aeronautica Militare per ricomparire però nel giugno-luglio 1957 alla MAB 57 (Manifestazione Aerea Baracca 1957) a Linate-Forlanini e quindi nel 1960-61 (fino al febbraio 1976) al Palazzo della Vela di Torino (poi Museo del Volo). Dal 5 al 20 ottobre 1963 era comunque presente al X Salone dell'Aeronautica (Mostra internazionale industria aerea) di Genova, quindi dal 31/5 al 7/6/1964 all'XI Salone dell'Aeronautica a Torino e nel 1973 a Pratica di Mare per la MAC 73.

A febbraio del 1976 avvenne il trasferimento al Museo dell'Aeronautica Militare a Vigna di Valle (Roma) dov'è tuttora visibile, dopo il restauro del

Il prototipo NC 4850 esposto all'aeroporto "Forlanini" di Milano il 21/9/52.

Prototype NC 4850 was on show at "Forlanini" airport in Milan on 21/09/52.

THE FATE OF THE TWO PROTOTYPES

*Lo stesso prototipo
esposto alla M.A.F. 56
di Fiumicino
nel Giugno 1956.*

*The same prototype
was on show at the
M.A.F. 56 at Fiumicino
in June 1956.*

As we have said before, the experimental fuselage, in the post-war period, moved from the Caproni warehouse in Taliedo to the Museo della
Scienza e della Tecnica (Science and Technical Museum) in Milan.

The prototype NC 4850, instead, after use had been made of it to put
right the NC 4849 prototype that was sent to Guidonia, was put aside in a
warehouse in Taliedo. In the post-war period, before March 1951, the cell,
dismantled and without an engine (as it had been sent to Guidonia to go
together with the other two I.F. "Asso" L.121 MC40 examples, which were
always being serviced), was transferred to the ex C.A.B. workshops in Ponte
San Pietro (Bergamo) and therefore recovered by the Aeronautica Militare
Italiana in April 1952.

It was exhibited in several air shows like the one organized at Linate
"Forlanini" Airport on 21/09/52 in combination with the GA 52 or Air Show
Day of the Madonna. Therefore, it appeared at the static display of the
Fiumicino Air Show (MAF 56) with an anachronistic red ring on the air intake
and a reduced white stripe on the fuselage. As a museum of the Aeronautica
Militare Italiana didn't yet exist, the NC 4850, amply decorated, ended up at
the Museum Nazionale della Scienza e della Tecnica in Milan in a section set
aside for the Aeronautica Militare. However, it was to reappear at the MA 57
(Baracca Air Show in 1957) at Linate-Forlanini in June-July 1957 and then at
the Palazzo della Vela in Turin (then named Museo del Volo) in 1960-61
(until February 1976). However, from 5 to 20 October 1963 it was on show
at the X Salone dell'Aeronautica (X Air Show) (International Air Industry
Show) in Genoa, then from 31/05/1964 to 07/06/1964 at the XI Salone
dell'Aeronautica (XI Air Show) in Turin and in 1973 at Pratica di Mare for the
MAC 73.

In February 1976 it was transferred to the Museo dell'Aeronautica
Militare at Vigna di Valle (Rome) where it is still visible, after the restoration

1982, con la livrea del NC 4849 ma con applicata sotto i piani di coda una targhetta con il numero identificativo "2" del NC 4850.

A proposito della livrea originale del NC 4849 è rimasta ancora in sospeso l'ipotesi che la carenatura dorsale e la deriva fossero verniciati in grigio-azzurro chiaro assimilabile agli FS 15200/35240/25250 come sembrerebbe apparire da una rara foto a colori e dalle diversità di toni grigi nelle diverse foto in bianco e nero, specie nelle viste posteriori.

Quanto poi al destino del vero primo prototipo NC 4849 (numero identificativo "1" nella serie degli aviogetti Campini costruiti), messo definitivamente a terra ed accantonato in un capannone di Guidonia dopo il suo ultimo volo del 27/8/42, a due anni esatti dal primo volo del NC 4850, il 12/9/42 venne visitato da un gruppo di allievi ufficiali della R.A. del Corso "Urano" quando già dal 31/8/42 era stata sospesa qualsiasi manutenzione dopo l'ultimo intervento già programmato ad una pompa ad ingranaggi.

Sull'onda degli eventi che seguirono all'8 settembre 1943, il 22-23 ottobre di quell'anno il Centro Sperimentale di Guidonia subì l'azione violenta delle forze germaniche, quando già una certa quantità di materiale di ogni genere di quel Centro era stata trasferita al Nord Italia. In seguito a tale intervento il prototipo NC 4849 e l'hangar che lo ospitava furono smembrati. L'aereo disarticolato nei suoi componenti principali rimase quale rottame abbandonato fino al giugno 1944, allorché dal 18 al 22 di quel mese venne esaminato e fotografato dai tecnici del Combined Intelligence Objectives Sub-Committee britannico, guidati dal Sq.Ldr. F.E. Pickles della RAF, proveniente da Caserta (H.Q. – M.A.A.F.), che provvide in seguito a stendere un rapporto tecnico riguardante, tra l'altro, il Campini-Caproni ed altri progetti di un certo interesse, usufruendo dell'aiuto del T.Col. Pier Luigi Torre, Capo del Reparto Sperimentale di Volo di Guidonia (noto nel dopoguerra come progettista della "Lambretta"). La Commissione britannica, esaurito il suo compito, partì il 30/6/44.

Nell'ottobre successivo il relitto del NC 4849 ricomparve al R.A.E. (Royal Aircraft Establishment) di Farnborough (GB), dove era stato trasportato in vari elementi staccati ed imballati per l'esecuzione del rilievo da parte degli ingegneri del genio aeronautico. A tale proposito non sussistono evidenze fotografiche che anche le ali siano arrivate al R.A.E. (per quanto siano visibili, staccate dalla fusoliera ed a terra accanto ad essa, nelle foto fatte dopo gli eventi del 24 ottobre 1943) in quanto, essendo esclusa la possibilità di rimettere l'aereo in condizioni di volo, l'unico interesse riguardava le parti del sistema propulsivo a motoreattore. In ogni caso questa operazione venne eseguita in due tempi piuttosto distanziati tra di loro in quanto le 6 foto fornite l'8/3/76 agli autori da parte del P.R. Officer E.E. Stott del R.A.E. portano la data del 17/10/44, mentre il rilievo tecni-

of 1982, with the livery of NC 4849 but with a plate with the identification number "2" of NC 4850 applied under the empennages.

With regard to the original NC 4849 livery it is still open to conjecture whether the dorsal fairing and the fin were painted a light grey-blue similar to the FS 15200/35240/25250 as would seem to appear from a rare colour photo and from the variety of grey tones in several black and white photos, especially when seen from the rear.

What then of the fate of the first real prototype NC 4849 (identification number "1" in the series of jet aircraft that Campini built)? After its last flight on 27/08/42, it was once and for all confined to the ground and put aside in a hangar at Guidonia. On 12/09/42, exactly two years after the first flight of NC 4850, it was inspected by a group of Regia Aeronautica officer cadets of the "Urano" (Uranus) course. This happened at a time when already since 31/08/42 all servicing work had been suspended following the last modification on a gear pump that had already been carried out.

On 22-23 October 1943, following on from the succession of events that had taken place since 8 September; the Centro Sperimentale (Experimental Centre) at Guidonia was subjected to the violent action of the German forces, when a certain quantity of material of every type had already been transferred from that Experimental Centre to the north of Italy. Following this action the prototype NC 4849 and the hangar that housed it were split up. The aeroplane, which was disjointed in the absence of its main components, was like a piece of scrap iron and remained abandoned until June 1944, when from the 18th to the 22nd of that month it was examined and photographed by the technicians of the British Combined Intelligence Objectives Sub-Committee, led by Squadron Leader F.E. Pickles of the RAF. The technicians, who had come from Caserta (H.Q.-M.A.A.F.), then set about drawing up a technical report regarding, among other things, the Campini-Caproni and other projects of a certain interest, making use of the help of Ten. Col. Pier Luigi Torre, Head of the Reparto Sperimentale di Volo (Experimental Flight Unit) at Guidonia (well-known in the post-war period as the designer of the "Lambretta"). The British Commission left on 30/06/44, once it had completed its task.

Un'immagine del prototipo NC 4850 alla mostra di Fiumicino del giugno 1956.

Here we have yet another picture of prototype NC 4850 that was at the Air Show at Fiumicino in June 1956.

co, eseguito a cura dell' Ing. R.G. Hill del R.A.E. ed intitolato "Technical Note E.A. no. 234 RAE, Farnborough: Foreign Aircraft Caproni-Campini Structural Feature" non porta una data di stesura ma solo il timbro "febbraio 1946" in copertina.

L'aereo NC 4850 presso il Museo di Vigna di Valle (Roma).

Here we have a photo of aeroplane NC 4850 that is at Vigna di Valle Museum in Rome.

Vista posteriore dell'aereo esposto a Vigna di Valle.

A front view of the aeroplane that is on show at Vigna di Valle.

Particolare della presa d'aria e delle palette del compressore.

We can see a detail of the air intake and the blades of the compressor.

Particolare dei piani di coda.

We can see a detail of the empennages.

In the following October the wreck of NC 4849 reappeared at the R.A.E. (Royal Aircraft Establishment) in Farnborough (GB). The various components had been taken apart and packed and then transported there, so that they could be examined by the engineers of the Aeronautical Engineering unit. There is no photographic evidence to tell us that the wings also arrived at the R.A.E. (although they are visible, separated from the fuselage and on the ground next to it, in the photos taken after the events of 24 October 1943). It would seem that as there wasn't any possibility of making the plane airworthy, the only interest in it concerned the parts of the motorjet propulsive system. In any case this operation was carried out on two occasions both quite distant from each other as the six photos given to the authors on behalf of P.R. Officer E.E. Stott of the R.A.E. on 08/03/76 bear the date 17/10/44, while the technical analysis carried out by Engineer R.G. Hill of the R.A.E. and entitled "Technical Note E.A. no.234 RAE, Farnborough: Foreign Aircraft Caproni-Campini Structural Feature" doesn't have a date to say when it was completed but only the stamp "February 1946" on the cover.

As for the following events, we trust in what Mr. Adrian P. Bishop told us on 06/02/97. As a "test pilot" at the Experimental Flight Department of the R.A.E. from 1939 to 1945, he was involved in test flights of various German and Italian aeroplanes,

Giugno-Agosto 1944:
4 vedute dell'aereo
NC 4849
disintegrato
a Guidonia.

From June
to August 1944 four
photos were taken
that showed parts
of the aeroplane
NC 4849 that had
been taken
apart.

Quanto alle vicende successive, fa fede quanto riferito agli autori dal Sig. Adrian P. Bishop il 6/2/97. Quale "test-pilot" al Dipartimento Voli Sperimentali del R.A.E. dal 1939 al 1945, egli fu coinvolto nelle prove in volo di vari aerei germanici ed italiani, ivi incluso il quadrimotore da trasporto Savoia-Marchetti SM 95. Secondo la sua testimonianza scritta, in due lettere, il relitto del NC 4849 fu trasferito il 12/10/45 alla No. 47 M.U. (Maintenance Unit) della RAF a Sealand. Notizie frammentarie da varie fonti indicano poi che il NC 4849 fu imballato per magazzinaggio in museo nel gennaio 1946 e trasferito con altri aerei a Stanmore Park (Londra), presso il GAFEC o "German Air Force Equipment Centre" della RAF (che raccoglieva anche aerei italiani, giapponesi ed inglesi) a disposizione del Ministero dell'Aria (Air Historical Branch). Dall'archivio di tale centro si rileva che nel luglio

Fusoliera ed ali
staccate a terra.

A fuselage
and wings
have been
removed from
the ground.

Fusoliera a terra,
lato anteriore.

We can see the front
side of the fuselage on
the ground.

Particolare del compressore.

*We can see
a detail of the compressor.*

thereby the four-engined Savoia-Marchetti SM 95 transport plane. According to his written evidence, in two letters, the NC 4849 wreck was transferred to the No.47 M.U. (Maintenance Unit) of the RAF at Sealand on 12/10/45. Fragmentary pieces of information from various sources indicate then that NC 4849 was packed to store it in a museum in January 1946 and was transferred with other aeroplanes to Stanmore Park (London) at the GAFEC or "German Air Force Equipment Centre" of the RAF (which also collected Italian, Japanese and British aeroplanes) and put at the disposal of the Air Ministry (Historical Air Branch). We can see from the archives of this centre that in July 1947 the prototype had corroded to such an extent that

Fusoliera a terra, lato posteriore.

We can see the rear side of the fuselage on the ground.

Le 6 foto del 17/10/44 contenute nel rilievo tecnico inglese Hill del Febbraio 1946:

1 - Il radiatore del motore a pistoni.

2 - Il compressore con l'ogiva.

3 - Il supporto dei bruciatori.

4 - La spina di scarico Pelton vista dall'interno.

5 - Il vano sinistro del carrello.

6 - La forcella del ruotino di coda

1947 il prototipo era deteriorato da corrosione a tal punto che nel novembre dello stesso anno, anche per mancanza di spazio, ne fu decisa l'eliminazione con altri 6 aerei e quindi inviato alla rottamazione alla No. 58 M.U. della RAF a Newton. Da qui passò ad un deposito di rottami aeronautici a Sneinton (sobborgo di Nottingham) a circa 15 Km da Newton, dove il citato Sig. Bishop ebbe modo di osservarne i resti. Demolito nel 1949, parti di fusoliera e del compressore erano ancora visibili nel 1951.

GLI ALTRI PROGETTI DI CAMPINI

In un articolo scritto per la rivista "L'Ala" del 1° gennaio 1948, dopo un assoluto riserbo di 10 anni (cioè dal gennaio 1938 allorché pubblicò sulla rivista ministeriale "L'Aerotecnica" la 3ª parte della sua memoria del 1930), Campini accennò ad una parte dei suoi vari progetti, di interesse non solo aeronautico, sviluppati durante e dopo la realizzazione dei due aviogetti a motoreattore.

In detto articolo che parla, tra l'altro, di aeroplani stratosferici, di elicotteri a reazione, di elico-taxi, di auto-elicotteri, di turbine a gas di bassa ed alta potenza (da 100 a 3500 CV), Campini fa riferimento ad un "secondo aereo Campini-Caproni", ad evidenza che anche questo progetto avrebbe dovuto realizzarsi in collaborazione con la Aeroplani Caproni.

The six photos of 17/10/44 that were contained in the British technical report by Hill in February 1946:

1 - The radiator of the piston engine.

2 - The compressor with the spinner.

3 - The burner support.

4 - The Pelton exhaust pin that is seen from the inside.

5 - The left bay of the landing gear.

6 - The fork of the tail wheel.

in November of the same year, also because of a shortage of space, it was decided to totally destroy it along with six other aeroplanes and so it was sent to be destroyed at No.58 M.U. of the RAF at Newton. It passed from there to a warehouse for scrapped aeronautical material at Sheinton, a suburb of Nottingham, at about 15 km from Newton, where the above-mentioned Mr. Bishop was able to examine the remains. It was demolished in 1949 but parts of the fuselage and compressor were still visible in 1951.

CAMPINI'S OTHER PROJECTS

In an article written for the "L'Ala" magazine of January 1948, after a complete silence of ten years (that is from January 1938 when the third part of his memoirs for 1930 was published in the Ministerial magazine "L'Aerotecnica"), Campini referred to a part of his various projects, not only of aeronautical interest, developed during and after the production of the two motorjet jet aircraft.

In the aforementioned article that talked, among other things, of stratospheric aeroplanes, jet helicopters, helicopter-taxis, auto-helicopters, gas turbines of low and high power (from 100 to 3500 HP), Campini referred to a "second Campini-Caproni" aeroplane, and clarified that also this project was to be produced in collaboration with Aeroplani Caproni. From an examina-

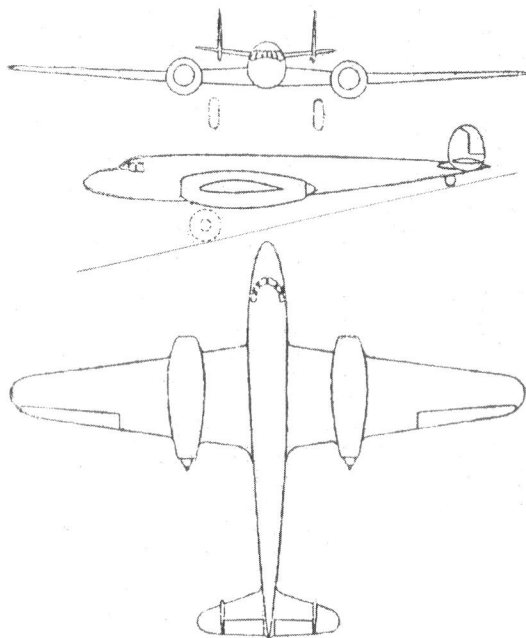

*Trittico del progetto
del 1940
per un "secondo aereo
Campini Caproni".*

*We can see a triptych
of the 1940 project for
a "second Campini
Caproni aeroplane".*

Dall'esame del trittico pubblicato da Campini
si evince una certa somiglianza esteriore con il
noto bireattore Gloster "Meteor".

La data di progettazione di quest'aereo
sarebbe il 1940 e la sua costruzione, a detta di
Campini, "fu ritardata per motivi vari e fu poi
dovuta sospendere con l'armistizio dell'8/9/43".
L'aereo era stato studiato per l'adozione provvi-
soria di due motori alternativi Daimler Benz
D.B. 605 da 1300 CV ristabiliti a 6000 m per il
comando di propulsori a reazione (in seguito
definiti anche "Unità Campini"), ma era prevista
la sostituzione successiva dei motori alternativi
con due turbine a combustione da 3000 CV cia-
scuna, in studio nell'anno della proposta.

Secondo quanto riferiva Campini nel suo
articolo, le caratteristiche di questo bimotore
dovevano essere: apertura alare 18,8 m, superficie alare 48 mq, carico alare 175 kg/mq, peso
al decollo 8400 kg, spazio di decollo sui 500 m,
autonomia massima 3000 km, velocità massi-
ma a 10.000 m 1050 km/h. Con le turbine a gas invece a 10.000 m la velocità sarebbe stata di 1250 km/h (Mach 1.18) e l'autonomia 4000 km.

Questo progetto, evidentemente privilegiato da Campini per il suo articolo, quasi a rappresentare il capostipite di una ricca serie di progetti di plu-
rimotori da caccia e da bombardamento con motori convenzionali o a reazione ("Unità Campini"), per definizione del suo stesso autore potrebbe
venir siglato come "C.S. 2" considerato che diverse proposte contempora-
nee o successive portavano le iniziali del progettista. Questo va detto anche
se, nel caso dei due prototipi definiti più tardi come "C.C.2", nei disegni
costruttivi del 1939-41 compare la dizione "Campini 2" ad evidenza di
quella che qualcuno ha definito la pervicace idiosincrasia dell'Ing. Campini
per le sigle. Risulta dunque assolutamente impensabile mettere un certo
ordine per date esatte e per sigle progressive nei vari progetti di Campini.

Sta di fatto che il progetto di cui sopra, come si vedrà in seguito, diede origine ad altri consimili i cui trittici sono datati dal 2 al 6/2/42 e proposti al
Ministero il 12/2/42 ed il 26/2/42. Comunque già dal 31/3/39 era in giacenza
di giudizio la proposta per un bombardiere stratosferico operativo a 17.000 m,
dotato di tre motori I.F. "Asso" L.121 da 900 CV ciascuno, a struttura mista,
con cabina stagna per 5 membri di equipaggio e sistema speciale di fuga in
quota. Siglato "C.S. 3" nella versione con motori alternativi e "C.S. 4" con
"Unità Campini" a reazione, presentava uno schema di funzionamento genia-
le ma, sottoposto ad una analisi critica, prometteva di offrire risultati inferiori
a quelli calcolati. Comunque la caratteristica saliente del C.S. 3 era quella di

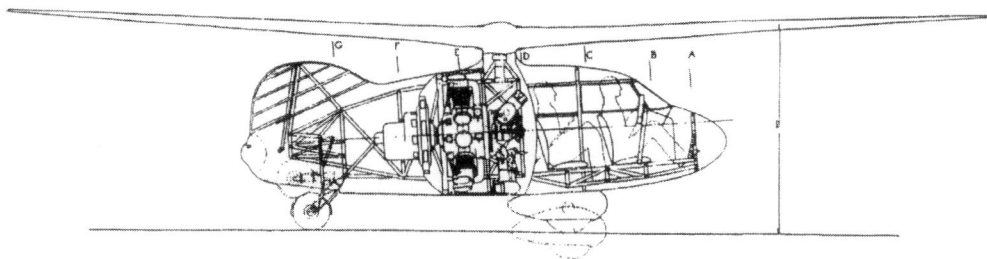

tion of the triptych published by Campini we can make out a certain external resemblance to the well-known Gloster "Meteor" twin engine jet aircraft.

The date for completing the design of this aeroplane was to have been 1940 and its building, according to Campini, "was delayed for various reasons and had to be suspended with the armistice of 08/09/43". The aeroplane had been designed for the temporary adoption of two alternative Daimler Benz D.B.605 engines with 1300 HP restored at 6000 m by the jet engine propulsive control (later also defined as "Campini Unit"). However it was planned that the alternative engines would be replaced by ones with two combustion turbines with 3000 HP each. Work would have been done on them in the year of the proposal.

According to what Campini referred to in his article, the characteristics of this twin engine plane was to have been: wing span 18.8 m, wing surface 48 m2, wing load 175 kg/m^2, take-off weight 8400 kg, space for take-off run about 500 m, maximum endurance 3000 km, maximum speed at 10000 m 1050 km/h. With the gas turbine engines, instead, the speed at 10,000 m would have been 1250 km/h (Mach 1.18) and the endurance 4000 km.

The project, clearly given prominence by Campini because of his article, was almost to represent the progenitor of a rich series of projects for multi-engined fighter planes and bombers with conventional or jet ("Campini Unit") engines. The author himself explained that it could have been initialled "C.S.2" considering that several contemporary or subsequent proposals bore the initials of the designer. We can say this, even if, in the case of the two prototypes later defined as "C.S.2", the writing "Campini 2" appears in the construction designs of 1939-41. This is a clear sign of that what someone has defined as the abhorrence of Ing. Campini for initials. It is therefore absolutely unthinkable to give an exact order to the dates and sequential initials in Campini's various projects.

It is a fact that the project that we have spoken about, as we will see later, gave the origin to other similar ones whose triptychs are dated from 2 to 6 February 1942 and were proposed to the Ministry on 12 February 1942 and 26 February 1942. However, already since 31/03/39 the proposal for a stratospheric bomber to be operational at 17,000 m had been in the lap of the gods. The bomber would have three I.F. "Asso" L.121 900 HP engines and a mixed structure. It was to have a pressurized cabin for five crew members and a special escape system at altitude. The version with the alternative engines was initialled "C.S.3" and "C.S.4" with the "Campini Unit" jet engine. It had an inspired functional layout but, on being subjected to critical

Progetto del giroplano C.S. 6.

Here is the C.S. 6 gyroplane project.

disporre di un compressore unico speciale mosso dal motore centrale (che, con un metodo particolare escogitato per poter disporre di 1000 CV, destinava a detto compressore 800 CV) che entrava in funzione a 4000 m mantenendo costante la pressione di alimentazione fra i 5000 ed i 17.000 m. Il bombardiere C.S. 3 doveva avere le seguenti prestazioni: peso al decollo 14.000 kg, apertura alare 27 m, lunghezza 16,90 m. altezza massima 4,25 m, superficie alare 92,50 mq (e quindi allungamento 7,88), potenza totale a 5000 m 2760 CV, velocità a 5000 m 470 km/h e a 13.000 m 585 km/h, autonomia con 1800 kg di benzina ed olio 2000 km.

Nella versione C.S. 4 i tre motori I.F. da 900 CV servivano altrettante Unità Campini. Presso gli uffici tecnici ministeriali si arrivò ad un giudizio piuttosto negativo in quanto la potenza assorbita dal compressore risultava molto superiore, la portata d'aria risultava inferiore al necessario e la pressione ottenibile era di 3.5 atm e non 6 atm come promesso.

Unitamente a questo progetto Campini aveva presentato anche la proposta per un elicottero in due versioni siglate "C.S. 5"/"C.S. 6". La seconda versione, in seguito ridefinita "elico-taxi a reazione", progettata nel 1939 e presentata al Ministero dell'Aeronautica nel 1940, provvista di turbo-compressore bilanciato Campini con scarico in pressione entro il mozzo dell'elica a pale ripiegabili, doveva muoversi su strada con comando sulla ruota posteriore. Questi progetti diedero seguito ad un curioso "auto-elicottero" con due eliche controrotanti rientrabili dalle prestazioni del tutto teoriche in quanto non venne mai costruito. Fu studiato nel 1945 dal Centro Sperimentale Campini quale aereo da turismo ed auto utilitaria per uso nelle strade cittadine e ne era prevista una versione con elica a reazione ripiegabile e turbina.

Nei primi mesi del 1942, come già accennato, Campini propose inoltre 4 bireattori (3 caccia monoposto ed 1 bombardiere che somiglia molto al bireattore apparso nell'articolo del 1948 già citato). Campini stesso, nelle sue carte, li aveva indicati con le sigle C.S. 7, C.S. 8, C.S. 10 e C.S. 11, poi, genericamente, come "progetti 1942".

I motori previsti erano Daimler Benz D.B. 605A in grado di fornire 1300 CV a 6000 m che, con speciali rinvii ad ingranaggi, comandavano i compressori delle "Unità Campini", dotate di bruciatori, dislocate in gondole alari. Nel caso dei monoposto da caccia era previsto, in fusoliera, un solo motore D.B. 605; nel caso del bombardiere, invece, 2 motori venivano alloggiati in fusoliera e ciascuno serviva una "Unità Campini" in gondole alari. Sicuramente con tale formula le prestazioni sarebbero state più vicine a quelle calcolate in quanto, a differenza di come si era risolto nel caso dei 2 prototipi costruiti, il motore risultava esterno al sistema moto-propulsore tipo Campini, con una drastica riduzione delle perdite ed un rendimento molto prossimo a quello ottenuto con il motoreattore in scala 1:3 sperimentato nel 1935-36 per la messa a punto del progetto che aveva condotto alla fusoliera di prova testata nell'aprile 1937 (e che oggi verrebbe definita "dimostratore tecnologico della proposta di base").

Quanto alle prestazioni stimate, la versione da caccia nelle tre configurazioni proposte avrebbe dovuto assicurare, con bruciatori attivi, circa 720 km/h a 6000 m e 570 km/h a quota zero. La salita a 6000 m sarebbe stata coperta in 8 minuti. Il peso standard dei caccia doveva aggirarsi sui 3250 kg, con una corsa di decollo di 600 m con bruciatori accesi. Le tre versioni previste differivano l'un l'altra unicamente per le diverse posizioni della cabina e dell'armamento.

Il bombardiere avrebbe dovuto dare le seguenti prestazioni: con i bruciatori, una velocità di 530 km/h a quota zero, 650 km/h a 6000 m e 750 km/h a 10000 m; salita a 6000 m in 11 minuti e mezzo; peso base al decollo 8370 kg e corsa di decollo ed atterraggio 750 m.

Con schede tecniche che risultano entrambe datate 30/3/43 e firmate da Campini, vennero proposte 2 alternative di bombardiere come evoluzione di quello che aveva definito "progetto 1942". L'apertura alare, che nei precedenti progetti era di 19,42 m, sale a 22,20 m. Nella prima delle 2 alternative i motori sono 2 motoreattori Campini azionati da 2 Reggiane L.103 RC-50-1 da 1550 CV a 6000 m con realizzo di una velocità massi-

analysis, it had all the signs of giving worse results than the ones estimated. However, the main characteristic of the "C.S.3" was that of disposing of a unique special compressor moved by the central engine, which with a particular method devised to be able to dispose of 1000 hp, intended for the aforementioned 800 HP compressor, would start working at 400 m keeping the boost pressure constant between 5,000 and 17,000 m. The C.S. bomber was to have the following performance: take-off weight 14,000 kg, wing span 27 m, length 16.90 m, maximum height 4.25 m, wing surface 92.50 m^2 (and therefore aspect ratio 7.88), total power at 5000 m 2760 HP, speed at 5000 m 470 km/h and at 13,000 m 585 km/h, endurance with 1800 kg of petrol and oil 2000 km.

The three I.F. 900 HP engines used the same Campini unit in the C.S.4 version. At the ministerial technical offices they came to have a rather negative opinion of it. This was because the power absorbed by the compressor was very high, there was not enough air delivery and the pressure obtainable was 3.5 atmospheres and not 6 atmospheres as promised.

Together with this project Campini had also presented the proposal for a helicopter in two versions initialled "C.S.5"/"C.S.6". The second version later redefined "jet helicopter-taxi", designed in 1939 and presented to the Ministero dell'Aeronautica in 1940 was equipped with a balanced Campini turbo-compressor with pressurized exhaust between the propeller hub and the folding blades. The rear wheel had to be controlled, while the machine was moving along the road. These projects were followed by a curious "auto-helicopter" with two reentering contra rotating propellers. It had a purely theoretical performance because it was never built. In 1945 Campini's Experimental Centre studied some tourist aeroplanes and some runabout cars for use in the city streets and a version of one of them was planned with a folding propeller powered by a turbine engine.

In the early months of 1942, as already mentioned, Campini proposed, moreover, four twin-engined aircraft (three single seat fighters and one bomber that were very similar to the twin-engined aircraft appearing in the 1948 article that has already been cited). Campini himself, in his papers, had identified them with the initials C.S.7, C.S.8, C.S.10 and C.S.11, then, generically, as "projects 1942".

It was planned that there would be Daimler Benz D.B.605A engines able to give 1300 HP at 6000 m. They together with special back gears would control the "Campini Unit" compressors equipped with burners, placed in wing nacelles. A single D.B.605 engine, placed in the fuselage, was planned for the single seat fighter. In the case of the bomber, instead, two engines were accommodated in the fuselage and each one served a "Campini Unit" in the wing nacelles. Certainly with such a formula the performance would have been nearer to the calculated one as, in contrast to how it had been resolved in the case of the two prototypes built, the engine was placed to the outside of the Campini type jet power unit system. This resulted in a drastic reduction in the losses and an efficiency that was much nearer to that obtained with the motorjet on a scale of 1:3 experimented with in 1935-36 and that he used to put right the project that he had conducted on the test fuselage tested in April 1937 (and that today would be defined "technological demonstration of the basic proposal").

As for the evaluated performance, the fighter version in the three configurations proposed would have had to guarantee, with the burners working, about 720 km/h at 6000 m and 570 km/h at zero altitude. The climb to 6000 m should have been completed in eight minutes. The standard weight for the fighters was to have been around 3250 kg, with a take-off run with the burners on of 600 m. The three planned versions were only different from each other for the positioning of the cabin and armament.

The bomber was to have given the following performance: with the burners, a speed of 530 km/h at zero altitude, 650 km/h at 6000 m and 750 km/h at 10000 m; a climb to 6000 m in eleven and a half minutes, basic weight at take off 8370 kg and take off and landing run 750 m.

From the technical data in two documents that were both dated 30/03/43 and signed by Campini we can see that two alternative bombers, which were developed from that that he had defined "1942 Project", were proposed. The wing span, which in the previous projects was 19.42 m, rose to 22.20 m. In the first of the two alternatives the engines were two Caprini jet engine units activated by two Reggiane L.103 RC-50-1s with 1550 HP at 6000 m and with the potential of a maximum speed at 6000 m of 525 km/h without burn-

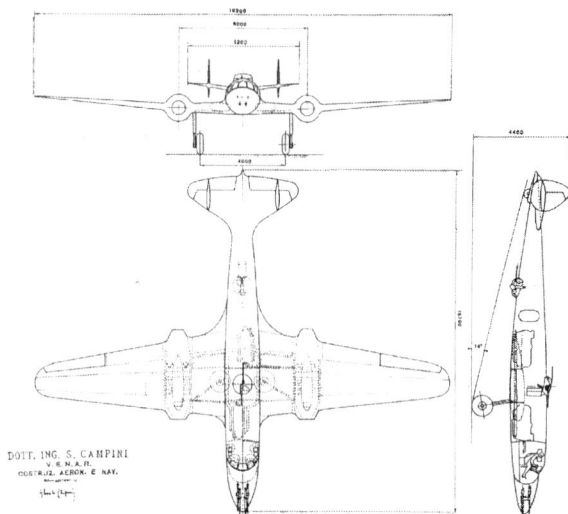

*Progetto 1942
per un bombardiere
con 2 unità Campini
e 2 membri di equipaggio.*

We can see the 1942
project for a bomber
with two Campini units
and two crew members.

ma a 6000 m di 525 km/h senza bruciatori e di 650 km/h con bruciatori. A quota zero le due velocità diventavano 420 km/h e 510 km/h. Con una salita a 6000 m in 12 minuti e mezzo, aveva uno spazio di decollo di 750 m con bruciatori. I dati calcolati furono poi corretti dal Ministero in 560 km/h a 6000 m con bruciatori (vedi Appendice n. 36).

L'altra versione invece prevedeva 2 turbine Campini da 3550 CV a 6000 m e 14150 kg al decollo, velocità massima a 6000 m senza bruciatori 750 km/h e a quota zero 610 km/h, salita a 6000 m in 9 minuti e mezzo. Poiché il Ministero sottostimava la reale potenza delle turbine Campini, la prestazione venne ridimensionata in modo significativo (vedi Appendice n. 37).

Da parte del Ministero dell'Aeronautica, a firma del Gen. Aldo Guglielmetti della Divisione Aeromobili-Sezione Sperimentale, in data 22/4/43, venne comunque proposto che, presentando il suddetto progetto delle affinità dimensionali con il velivolo Breda-Zappata 301 di prossima realizzazione, Campini prendesse contatti con la Breda per elaborare uno studio di trasformazione di un B.Z. 301 in velivolo a reazione. Ciò viene affermato da un documento ufficiale dell'epoca, anche se poi, in taluni articoli del dopoguerra, si è parlato di una trasformazione di un B.Z. 303. Su tale cellula avrebbero dovuto essere montate 2 turboeliche Campini da 3550 CV a 6000 m con eliche doppie controrotanti. Di fatto tali turbine furono ordinate e se ne iniziò la costruzione presso la Caproni di Arcore ma non furono completate per il precipitare degli eventi bellici che portarono alla demolizione degli elementi già realizzati.

Quanto alla turbina progettata da Campini nel 1940 e siglata "Campini 3500", essa fu presentata al Ministero dell'Aeronautica nel 1941 ma la costruzione di due esemplari fu sospesa con l'8/9/43. Nel citato articolo del progettista viene definita come motore d'aviazione costituito da turbina a combustione e riduttore per comando di elica o di turbogetti e le caratteristiche riassuntive sono: potenza normale a terra ed a 8000 m 3500 CV, peso senza riduttore 850 kg, peso con riduttore per comando elica a 1400 giri/minuto 1050 kg, diametro d'ingombro 730 mm, consumo di nafta alla potenza normale (calcolato) 180 gr/CV/h, raffreddamento a liquido (glicolo).

Da tale progetto derivò un motore a turbina per aerei da turismo da 100-150 CV che Campini impostò nel suo laboratorio di Milano.

Altri progetti, di interesse navale, riguardavano una commessa per due sommergibili monoposto a turbina subacquea da 1000 CV che, in immersione, prevedevano l'uso di una miscela di nafta ed ossigeno puro; in superficie la propulsione doveva essere assicurata da un motore marino alimentato a

ers and 650 km/h with burners. At zero altitude the two speeds became 420 km/h and 510 km/h. It climbed to 6000 m in twelve and a half minutes and had a take-off run space of 750 m with burners. The calculated data was then corrected by the Ministry to 560 km/h at 6000 m with burners (see appendix no.36).

The other version, instead, planned for two Campini turbines with 3550 HP at 6000 m and 14150 kg at take off, maximum speed at 6000 m without burners 750 km/h and at zero altitude 610 km/h, and a climb to 6000 m in nine and a half minutes. Since the Ministry underestimated the real power of the Campini turbines, the performance was significantly different from expected (see appendix no.37).

However, by means of a communication signed by Gen. Aldo Guglielmetti della Divisione Aeromobile – Sezione Sperimentale (Aircraft Division-Experimental Section) on 22/04/43, the Ministero dell'Aeronautica proposed to Campini that he should present the above-mentioned project to the Breda Company. His project was to be similar in dimensions to the Breda-Zappata 301 aircraft that was nearing completion. Therefore on working together with Breda a way could be found to transform a B.Z.301 into a jet aircraft. That was confirmed by an official document of the time, even if later, in some articles in the post-war period, the transformation of a B.Z.303 was talked about. Two Campini turboprop engines with 3550 HP at 6000 m and with contra rotating double propellers were to have been mounted on the cell. In fact, these turbines were ordered and the construction work at the Caproni factory at Arcore had begun but it wasn't completed because the turn for the worse in the war brought about the destruction of all that had just been built.

As for the turbine planned by Campini in 1940 and initialled "Campini 3500", it was presented to the Ministero dell'Aeronautica in 1941 but the building of two examples was suspended on 08/09/43. In the designer's cited article it was defined as an aviation engine consisting of a combustion turbine and reducer for the control of propellers or turbojets. We can summarize the characteristics as follows: working power on the ground and at 8000 m 3500 hp, weight without reducer 850 kg, weight with reducer for the control of the propeller at 1400 revolutions per minute 1050 kg, floor space diameter 730 mm, consumption of naphtha at working power (calculated) 180 revolutions/ HP/h, fluid cooling (glycol).

A 100-150 HP turbine engine for tourist aeroplanes that Campini planned for his laboratory in Milan was derived from this project.

Other projects, of a naval interest, concerned an order for two single seat submarines with an underwater turbine engine producing 1000 HP that, it was planned, would use a mixture of naphtha and pure oxygen when submerged. A marine engine was to provide the propulsion on the surface. It was to be fed by naphtha with an air intake by means of a special surface fin. The displacement was seven tons, with the immersion speed calculated at 30 knots and theoretical range 1000 km. The prototypes were ordered in 1942 with the understanding that they would be able to launch two 450 mm diameter torpedoes. According to Campini the two pocket submarines were produced in the Campini Experimental Centre a part of the Caproni Company but were requisitioned by the Germans in 1943. Again according

*Tre diverse configurazioni
per la versione da caccia
del progetto 1942:*

*1 - Monoposto con
cabina in posizione
avanzata e
2 mitragliatrici.*

*2 - Monoposto
con cabina in
posizione arretrata
e 4 mitragliatrici.*

*3 - Monoposto da caccia
del progetto 1942 con
cabina in posizione
centrale ed
8 mitragliatrici.*

*There were three
different configurations
for the fighter version
of the 1942 project:*

*1 - Single seat plane
with the cabin in a for-
ward position and two
machine-guns.*

*2 - Single seat plane
with the cabin in a rear
position and four
machine-guns.*

*3 - Single seat fighter
plane of the 1942 proj-
ect had the cabin in a
central position and
eight machine-guns;*

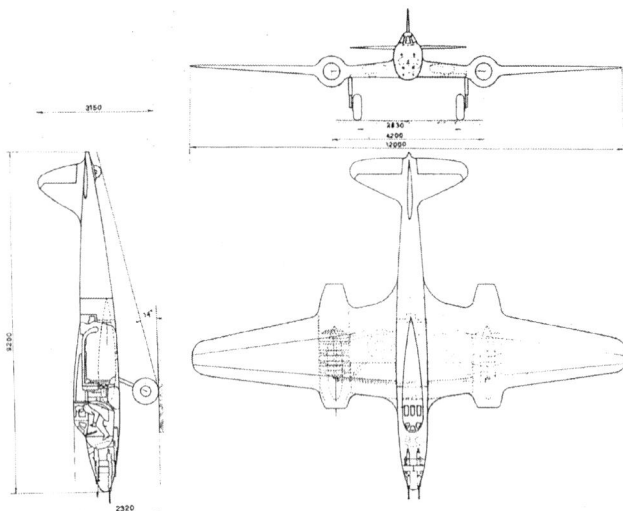

nafta con presa d'aria a mezzo di una speciale pinna affiorante. Il disloca-
mento era di 7 tonnellate, con velocità d'immersione calcolata in 30 nodi ed
autonomia teorica di 1000 km. I prototipi furono ordinati nel 1942 con la pre-
visione di poter lanciare due siluri da 450 mm di diametro. A detta di
Campini i due sommergibili tascabili furono realizzati nel Centro sperimentale Campini annesso alla ditta Caproni ma furono requisiti dai tedeschi nel
1943. Sempre secondo Campini, uno dei due sommergibili finì in Germania
per essere riprodotto in 1000 esemplari ma non si ha notizia che tale produzione sia stata poi avviata; l'altro esemplare sarebbe invece finito nelle mani
degli alleati. Nel libro "Tunnel Factories" dell' Ing. G.D. Cocconcelli, edito

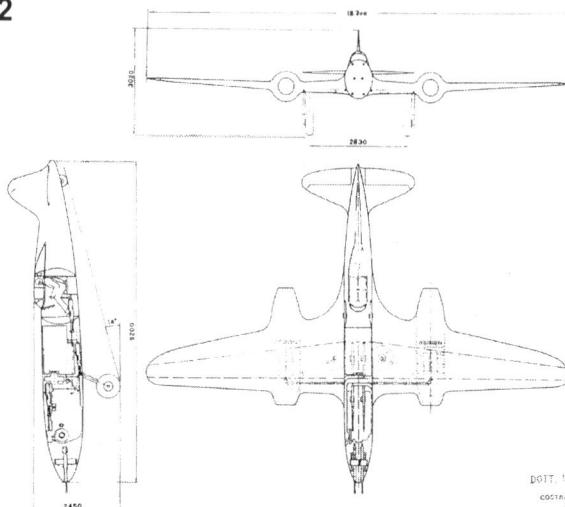

3

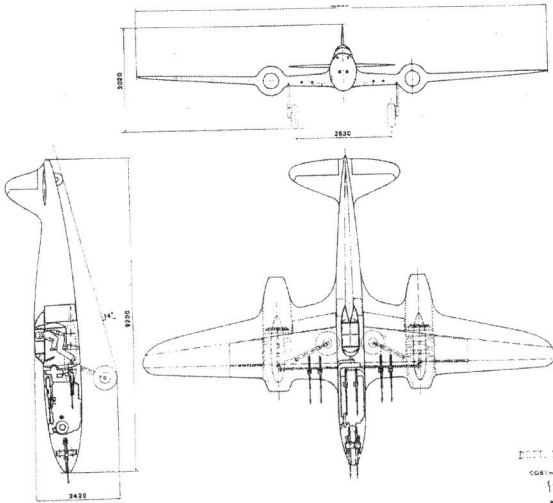

*Piccolo modello
in legno raffigurante tale
versione (realizzazione
di Paolo Borgonovi).*

*A small wooden model
representing this
version (produced by
Paolo Borgonovi).*

to Campini, one of the two submarines ended up in Germany to be reproduced in a 1000 examples but there is no evidence that this production was
ever started. The other example should, instead, have finished up in the
hands of the Allies. It is stated, instead, in the book "Tunnel Factories" by

nel 2004, si afferma invece che un sommergibile sarebbe stato ultimato presso le Officine Caproni di Torbole sul Garda, nella galleria Adige-Garda all'uopo creata, e sperimentato in quel lago davanti al porto di Riva nel periodo 1943-45. A quel tempo la Gardesana occidentale era stata sbarrata e trasformata in insediamento produttivo segreto in galleria perché vi operassero la Breda, la Fabbrica Nazionale Armi (FNA) e la Fiat Avio per la produzione su licenza del motore aeronautico Daimler Benz D.B. 605A da 1475 CV. Anche la Caproni a Torbole trasferì la sua linea di produzione sotto sorveglianza tedesca. Il minisommergibile sarebbe stato poi scambiato dalla ricognizione alleata per una barca affondata.

CAMPINI ED IL GIAPPONE IN GUERRA

Come si è già accennato all'inizio i brevetti di Campini furono depositati anche in Giappone ed un aereo "kamikaze" fu prodotto sperimentalmente con un sistema a motoreattore ispirato ad una delle prime forme costruttive laddove il motore era previsto anteriormente al compressore, senza radiatore e con un bruciatore cilindrico terminale con spina Pelton fissa.

Dagli innumerevoli documenti emersi sull'intensa attività del progettista bolognese risultano due prove attestanti che i rapporti con gli ambienti industriali nipponici furono ripresi in pieno periodo bellico dopo l'8 settembre 1943. Il primo documento datato 4/6/44 si riferisce ad una integrazione di convenzione relativa ad un non meglio identificato "contratto Giappone per velivolo" con scadenza 31 gennaio 1947 per la fornitura ai nipponici di un progetto e la cessione di una licenza per l'ammontare di 22 milioni di lire del 1944. In tale documento chiaramente si parla di aereo a reazione.

Nel secondo reperto (in forma di negativo di una lettera) datato 25/9/44 e inviato dalla Caproni all' Ing. Campini, a quel tempo residente a Rovereto, si parla della fornitura di due turbine a gas Campini di produzione Caproni-Isotta Fraschini alle industrie giapponesi Okura, considerando decaduto un precedente contratto del 1943 con il Ministero dell'Aeronautica; vi si accenna ad un contratto in corso ed alle relative forme di pagamento.

CAMPINI NEL DOPOGUERRA

Nel dopoguerra, interrotti i rapporti con la Caproni, l'Ing. Campini provvide ad allestire una propria officina-laboratorio a Milano per tentare di realizzare alcune sue nuove idee. Nel 1948, tuttavia, accettò di trasferirsi negli Stati Uniti d'America dove fu impegnato nello studio di un elicottero gigante da trasporto e di un turbogetto a doppio flusso.

Risulta che sia stato anche consulente della Northrop per la trasformazione dell'ala volante ad elica YB-35 in aereo a reazione, in vista del bombardiere strategico B-49. Quindi, rientrato in Italia, riprese i suoi studi in materia di elicotteri e nel 1966 progettò il cosiddetto reattore a scoppio e relativo banco prova con camera per simulazione di funzionamento in quota. Quindi si occupò di volo suborbitale con il progetto di un "liner" suborbitale un po' fantascientifico, dotato di non precisati turbogetti e di tre endoreattori caudali per l'arrampicata stratosferica alimentati a turbopompe con propellenti liquidi immagazzinabili. La capacità di trasporto era stimata in 100 persone ed il peso al decollo in 90 tonnellate.

Nel 1970 si ritirò dall'attività di prima linea dove era stato un vulcanico produttore di idee innovative anche se in certi casi un po' troppo ottimistiche. A meno di 75 anni, il 7/2/80, l'Ing. Campini chiudeva le ali, come si dice in gergo aeronautico, seguìto, l'anno successivo, dalla moglie Vittoria.

Ing.G.D.Cocconcelli, published in 2004, that a submarine could have been produced at the Caproni workshops at Torbole on Lake Garda, in the Adage-Garda tunnel, if it had been necessary; it could have been experimented with in that lake in front of Port Riva in the period 1943-45. At that time the west part of Gardesana had been blocked off and transformed into a secret production camp in the tunnel because Breda, the Fabbrica Nazionale Armi (FNA) and the Fiat Avio worked there for the production under licence of the Daimler Benz D.B. 605A 1475 HP aeronautical engine. Caproni also transferred its production line to Torbole in order to be under German supervision. The mini-submarine could then have been mistaken for a sunken boat by Allied reconnaissance planes.

CAMPINI AND JAPAN IN WAR

As we have already mentioned at the beginning Campini's patents were also deposited in Japan and a "kamikaze" aeroplane was produced experimentally with a turbojet engine based on one of the first building structures but the engine was to be placed in front of the compressor, without a radiator and with a cylindrical burner at the end plate with a fixed Pelton pin.

Out of the countless documents resulting from the huge amount of work of the Bolognese designer there are two that testify to the fact that the contacts with the Japanese industrial circles were fully taken up again in the period of the war after 8 September 1943. The first document dated 04/06/44 refers to the strengthening of an agreement that can't be better identified than by "Japanese contract for aircraft", which was to expire on 31 January 1947, for the delivery to the Japanese of a project and the granting of a licence for the sum of 22 million lire in 1944. They are obviously talking about a jet aircraft in this document.

The second exhibit (in the form of a negative of a letter) dated 25/09/44 and sent from Caproni to Ing. Campini, at that time resident at Rovereto, talked about the delivery of two Campini gas turbines, which were built by Caproni-Isotta Fraschini, to the Japanese industrial complex Okura. There was an understanding that a previous contract with the Ministero dell'Aeronautica of 1943 was to be considered expired. Mention is there made to an on-running contract and the related forms of payment.

CAMPINI IN THE POST-WAR PERIOD

In the post-war period Ing. Campini interrupted his relationship with Caproni and set about equipping his own workshop-laboratory in Milan to try and bring to fruition some of his new ideas. In 1948, nevertheless, he agreed to move to the United States of America where he would be employed on the study of a huge transport helicopter and a ducted fan turbine engine aircraft. He was also a Northrop consultant for the transformation of the tailless propeller-powered YB-35 aeroplane into a jet plane, in view of the strategic B-49 bomber. Therefore, on returning to Italy, he took up his studies related to helicopters again and in 1966 he designed the so-called gas engine reactor and carried out the related bench test with a camera to simulate its functioning at altitude. Therefore, he was working on suborbital flight with the project of a suborbital liner, which was a bit like science fiction, equipped with undefined turbojets and three caudal endoreactors for the stratospheric climb fed by a turbopump with storable liquid propellant. The transport capacity was estimated at 100 people and the take-off weight was 90 tons.

In 1970 he withdrew from front line activity where he had been a fertile generator of innovative ideas even if in certain cases they were a little too optimistic. On 07/02/80 when he was almost seventy-five and a half years old Campini "folded his wings", as is said in aeronautical jargon, and was followed the following year by his wife Vittoria.

LA "VEXATA QUAESTIO" DELLE SIGLE

In un telegramma del 7/12/41 diretto all'Istituto Nazionale Luce di Roma l' Ing. Campini scriveva: "Conformemente accordi pregovi darmi assicurazione che mio apparecchio a reazione fornito dalla Ditta Campini al Ministero dell'Aeronautica verrà individuato sul Giornale Luce come apparecchio dell' Ingegner Campini oppure come Campini-Caproni e non viceversa. Diffidovi fare modifiche tale sigla riservandomi diversamente chiedervi danni. Firmato Ingegner Secondo Campini".

Con ciò nel 1941 si apriva la mai sanata polemica sulle sigle applicate sia ai due prototipi che volarono negli anni 1940-42, sia a quelle attribuite ad altri progetti di Campini. A seguito di un'ennesima rimostranza del progettista, in occasione dell'esposizione al Museo dell'Aeronautica di Torino del prototipo superstite NC 4850, il Gen. Remondino, allora Capo di Stato Maggiore, rispondeva che ormai era tradizione consolidata identificare un aereo con il binomio ideatore-costruttore e che pertanto la sigla "C.C.2" circolante era da accettarsi per quanto fosse più che noto che l'ideatore della macchina a motoreattore era l' Ing. Campini. Di fatto Campini, con la sua caparbia insistenza, voleva soltanto far intendere che nel caso specifico l'ideatore non era il capo-progettista del produttore ma aveva ricevuto un ordine di fornitura dal Ministero dell'Aeronautica e lui aveva affidato la realizzazione alla Ditta Caproni non avendo una propria fabbrica. Pertanto, a rigore, il nome del produttore su commissione non avrebbe dovuto comparire del tutto e semmai comparire dopo il nome del titolare dell'aereo.

Quanto al numero "2" associato alla sigla ormai storicamente consolidata (cioè C.C.2), alcuni hanno escluso tale abbinamento perché, non avendo avuto la possibilità di visionare i numerosi disegni originali dell'archivio Campini, non hanno avuto modo di verificare che quel "2" emerge in tutti i progetti posteriori all'aprile 1937 relativi alla riprogettazione resasi necessaria a seguito degli insoddisfacenti risultati ottenuti con la fusoliera di prova.

Dall'archivio sono infatti emersi, oltre che innumerevoli schizzi degli anni '30 relativi a progetti appena abbozzati inclusi nei vari brevetti internazionali, anche due grandi progetti relativi agli aviogetti C.S.500-V e C.S.600 nonché cinque progetti costruttivi in scala 1:10 e 1:15 riguardanti la fusoliera sperimentale (Disegno n. 5 del 27/1/36) ed i prototipi definitivi (Disegni nn. 28-37-39-40 del periodo settembre 1939-maggio 1941). Ebbene, mentre il disegno relativo alla fusoliera di prova porta l'intestazione "Apparecchio tipo Campini", tutti i successivi al 1937 portano l'intestazione "Aeromobile Campini 2" a significare che lo stesso progetto aveva subito una revisione; come specifica la relazione tecnica n. 585 della Caproni la fusoliera di prova era stata infatti "un primo tentativo" di soddisfare le specifiche contrattuali (vedi Appendice n. 20).

A rigore quindi l'aviogetto di Campini dovrebbe passare alla storia dell'aviazione italiana solo come "Campini 2", attenendoci ai freddi termini legali del rapporto tra la Ditta Campini VENAR e la Ditta Aeroplani Caproni, ma non sarebbe una cosa giusta in quanto anche l'appassionata generosità dell' Ing. Giovanni Caproni contribuì a portare felicemente a conclusione un progetto iniziato nel lontano 1934 ed ultimato nel novembre 1941.

In chiusura c'è da segnalare una curiosità che conferma come il passaggio dalla identificazione "Apparecchio tipo Campini" a quella di "Campini 2" non sia stato incidentale. Infatti il nome del disegnatore della sezione costruttiva della fusoliera di prova (Dis. n. 5 del 27/1/36) è lo stesso del disegnatore della sezione costruttiva definitiva (Dis. n. 28 del 26/9/39) ed è quello del Sig. Marengo. Nei disegni del maggio 1941 il nome del disegnatore cambia ma la sigla continua ad essere "Campini 2" (vedi Appendice n. 22).

In merito poi alle varie altre proposte fatte dall' Ing. Campini al Ministero durante e dopo l'esecuzione dei due prototipi NC 4849 e NC 4850, ma non ancora seguite da un ordine fermo o da una lettera di intento, esse appaiono a volte prive di sigla (come nel caso dei 4 bireattori proposti nel corso del 1942) oppure appaiono con la sigla C.S. 2/3/4/5/6 (queste due ultime relative ad elicotteri).

THE "VEXED QUESTION" OF THE INITIALS

In a telegram directed to the Istituto Nazionale Luce in Rome Ing. Campini wrote, "I ask you in accordance with the agreements to guarantee that my jet aircraft delivered to the Ministero dell'Aeronautica by the Campini Company will be identified in the Luce news as Ingegnere (Engineer) Campini's aircraft or as Campini-Caproni and not vice versa. I will call on you to pay me damages if you make modifications to the registration letters; signed by Ingegner Secondo Campini".

With that in 1941 began the unresolved controversy about the registration letters applied both to the two prototypes that flew in the years 1940-42 and those attributed to Campini's other projects. Following the umpteenth complaint by the designer, on the occasion of the display of the surviving prototype NC 4850 at the Museo dell'Aeronautica in Turin, Gen. Remondino, then the Head of the General Staff, replied that it was by then the established tradition to identify an aeroplane with the binomial inventor-constructor and that therefore the registration letters "C.C.2" in use was to be accepted, although it was well known that the inventor of the turbojet aircraft was Ing. Campini. In fact, Campini, with his stubborn insistence, only wanted to make it known that in this specific case the inventor wasn't the producer's chief-designer but had received an order for a delivery from the Ministero dell'Aeronautica and that he had entrusted the building to the Caproni Company as he didn't have his own factory. Therefore, strictly speaking, the producer's name shouldn't have appeared at all on the order and should never have appeared after the name of the inventor of the aeroplane.

As for the number "2" associated with the registration numbers by now historically established (that is C.C.2), some have ruled out such a combination because not having the possibility of seeing the numerous original drawings of Campini's archives, they have no way of knowing if that "2" emerged in all the projects after 1937 and referred to the redesigning of the project, which was made necessary following the unsatisfactory results obtained with the test fuselage.

Besides countless sketches of the 1930s relating to projects that had just been drawn included in the various international patents, also two big projects relating to the C.S.500-V and C.S.600 jet aircraft as well as five building projects on a scale of 1:10 and 1:15 concerning the experimental fuselage (drawing no.5 of 27/01/369 and the definitive prototypes (drawings nos. 28, 37, 39 and 40 for the period September 1939 to May 1941) have been found in the archives. Well then, while the drawing relating to the test fuselage bears the heading "Apparecchio tipo Campini" (Campini type Aircraft), all the drawings after 1937 bear the heading "Aeromobile Campini 2" (Campini 2 Aircraft) to signify that the same project had been redesigned; as the Caproni technical report no.585 explains, the test fuselage had, in fact, been a "first attempt" to satisfy the contractual specifications (see appendix no.20).

Therefore, strictly speaking, Campini's jet aircraft should pass into Italian aviation history only as "Campini 2", keeping to the formal legal terms of the relationship between the Campini VENAR Company and the Aeroplani Caproni Company, but it would not be fair in as much as also the enthusiastic generosity of Giovanni Caproni contributed to bringing to a successful conclusion a project begun in the far off 1934 and completed in November 1941.

To sum up we should bring to everyone's attention a curious thing that confirms that the passage from the identification "Apparecchio tipo Campini" (Campini type aircraft) to that of "Campini 2" wasn't accidental. In fact, the name of the designer of the building section of the test fuselage (drawing no.5 of 27/01/36) is the same of the designer of the final building section (drawing no. 28 of 26/09/39) and is that of Sig. Marengo. The designer's name changes in the drawings of May 1941 but the registration letters continue to be "Campini 2" (see appendix no.22).

With respect then to the various other proposals made by Ing. Campini to the ministry during and after the production of the two prototypes NC 4849 and NC 4850 but not followed up with a firm order or by a letter of intent, they appear at times to be without registration letters (as in the case of four twin-jet planes proposed in the course of 1942) or appear with the registration letters C.S. 2,3,4,5 and 6 (the latter two referred to helicopters).

Quindi, per quanto sia storicamente più che un atto dovuto citare il nome della Aeroplani Caproni accanto a quello dell' Ing. Campini per gli aviogetti dei quali si è voluto tracciare la storia, a rigore la sigla di base conformemente agli ultimi disegni costruttivi è "Campini 2".

CONCLUSIONE

Si può ben dire che la realizzazione di Campini è ormai entrata a far parte, con dovuto rilievo, della storia dell'aviazione italiana.

Bisogna in ogni caso tener presente che, all'epoca, l'Italia era in procinto di entrare nel grande conflitto mondiale; le industrie di guerra dovevano fronteggiare gli enormi problemi creati dal regime di autarchia imposto dal Governo. Mancavano in altre parole materie prime e leghe speciali (che avremmo dovuto importare dall'estero) indispensabili per un'industria aeronautica che avesse voluto porsi all'avanguardia ed almeno alla pari con altri paesi europei più industrializzati come ad esempio Germania ed Inghilterra.

In tale contesto l'Ing. Campini dovette operare facendo scelte obbligate sia nei materiali necessari per le sue realizzazioni che nei motori alternativi di cui il sistema Campini doveva servirsi. I motori Isotta Fraschini che gli vennero forniti erano assolutamente inadeguati allo scopo, sempre difettosi e del tutto imprevedibili. La maggior parte delle revisioni e delle modifiche resesi necessarie soprattutto a Guidonia furono dovute all'inaffidabilità di tali motori. Da tener presente, inoltre, il fatto della novità e cioè della mancanza di esperienze e di notizie su eventuali altre riuscite realizzazioni nel campo della propulsione a reazione. Di quanto si stesse facendo al riguardo sia in Inghilterra che in Germania nulla assolutamente trapelava nei canali dell'informazione tecnica specializzata. Tutto era dunque da sperimentare per la prima volta, di qui anche il motivo per cui i tempi della realizzazione furono così prolungati. Da non trascurare lo scetticismo che allora aleggiava negli ambienti aeronautici ministeriali italiani per un'idea così fuori dai binari tradizionali delle conoscenze di allora. Anche contro questo scetticismo dovette lottare Campini per far valere le sue proposte e sappiamo che lo stesso collaudatore De Bernardi si adoperò in tali frangenti presso gli ambienti romani di sua conoscenza.

Il fattore economico ebbe poi un peso preponderante. Lo stanziamento complessivo che la realizzazione del progetto comportò fu assai superiore alla prevista cifra iniziale; ciò fu dovuto però anche alla notevole lievitazione dei costi delle materie prime in periodo di guerra nel corso della lunga gestazione del progetto.

Se all'aereo furono addebitate varie circostanze negative (motore sottopotenziato, peso eccessivo, lungo decollo, forte consumo di carburante, prestazioni non certo eccezionali se paragonate agli aerei convenzionali dell'epoca), cionondimeno vanno in ogni caso attribuiti allo stesso aereo alcuni incontestabili primati: primo motoreattore del mondo, secondo aviogetto in scala mondiale, primo biposto a reazione, primo lungo percorso senza scalo con aviogetto, primo trasporto postale a mezzo di aviogetto, prima applicazione di bruciatore quale incrementatore di spinta, primo uso aeronautico di palette a passo variabile in volo, primo uso di spina mobile tipo Doble-Pelton all'ugello di scarico.

Tali primati, non essendo a quell'epoca a conoscenza del primo volo dell'Heinkel 178 il 27 agosto 1939, indussero la Federazione Aeronautica Internazionale di Parigi a proclamare il motoreattore Campini primo aviogetto del mondo.

E' nell'auspicio degli autori che la presente monografia possa dunque rappresentare un pur modesto ma tangibile contributo al ricordo ma soprattutto alla dovuta valorizzazione dell'ingegno e dell'opera di un illustre progettista aeronautico italiano.

Therefore, it would seem only right historically to place the name of the Aeroplani Caproni next to that of Ing. Campini. However, strictly speaking the registration letters for the jet aircraft that was based on the last construction drawings by Campini must only have his name; thus "Campini 2". This is despite the fact that both Caproni and Campini were fully committed to making the aircraft a success.

CONCLUSION

It can well be said that Campini's work has by now taken its place, with its due importance, in the history of Italian aviation.

It is necessary in any case to keep in mind that, at the time, Italy was about to enter a great world war; the war industries had to face up to the huge problems created by the system of autarchy imposed by the government. In other words they were short of raw materials (that we should have imported from abroad) and special laws that were indispensable for an aviation industry that had wanted to place itself in the vanguard and at least on the same level as the more industrialized countries like for example Germany and Britain.

It was in such a context that Ing. Campini had to operate in a climate of being forced to make a choice both about the materials necessary for his creations and about the alternative engines that the Campini system had need of. The Isotta Fraschini engines that he was supplied with were not up to the work expected of them. They were always defective and totally unreliable. Most of the redesigning work and the modifications that became necessary, above all at Guidonia, were due to the unreliability of these engines. Moreover, we should also keep in mind the fact that what was being done was new and there was a shortage of experience and news about other developments elsewhere in the field of jet propulsion. Nothing could be obtained from the specialized technical channels about what was happening in the field in Britain and Germany. Therefore, everything had to be experimented with for the first time, this was also a reason why the time to complete the work was so prolonged. We should also not neglect the skepticism that was then at large in the ministerial aeronautical circles for an idea that was for the time so different from traditional conceptions. Campini also had to struggle against this skepticism to show the worth of his proposals and we know what the test pilot himself De Bernardi did to help in these circumstances at the Roma circles he knew. Then the economic factor had a major importance. The allocation that the completion of the project called for was a lot more than the initial budgeted figure; that was due, however, also to the considerable rise in the costs of raw materials in wartime in the course of the long time it took to finish the project.

Even if the aeroplane could be faulted under various aspects, underpowered engine, excessive weight, long take-off run, high consumption of fuel, and unexceptional performance if compared to the conventional aeroplanes of the time, nonetheless the aeroplane could be credited with some indisputable records: first motorjet aircraft in the world, second jet aircraft in the world rankings, first two seat jet aircraft, first long journey without stopping by a jet aircraft, first postal service by means of a jet aircraft, first use of a burner as a thrust booster, first aeronautical use of variable pitch blades in flight, first use of the movable type of Doble-Pelton pin with the exhaust nozzle.

These records, as they didn't know at the time of the first Heinkel 178 flight on 27 August 1939, induced the International Aeronautical Federation in Paris to declare the Campini motorjet aircraft the first jet aircraft in the world.

The authors hope that this monograph will serve as a modest but tangible contribution to the memory but above all to a just appreciation of the talent and work of a renowned Italian aeronautical designer.

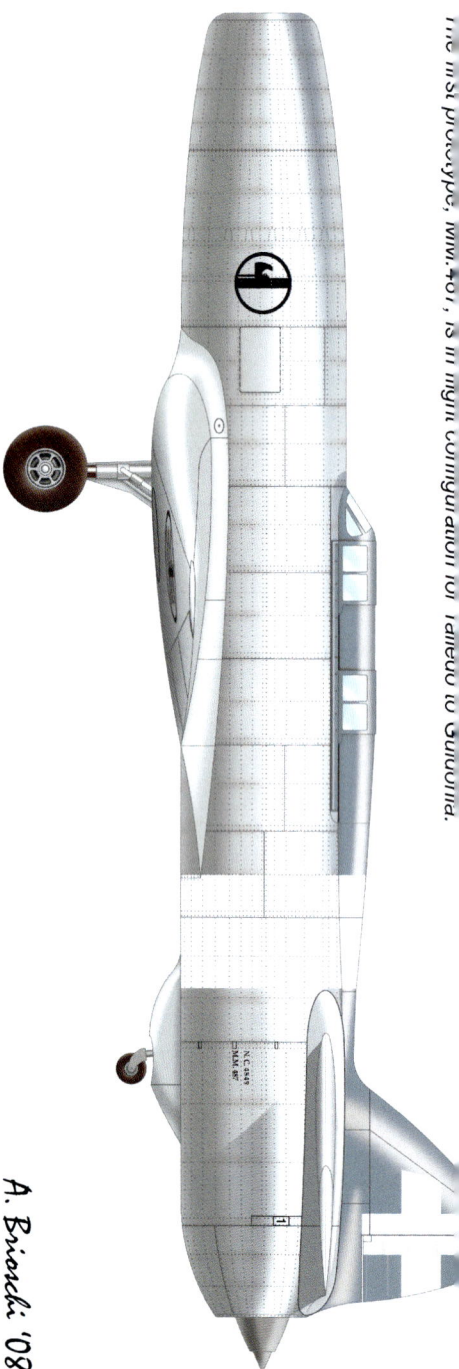

The first prototype, MM.481, is in flight configuration for takeoff to Guidonia.

A. Bianchi '08

MM.488 nella configurazione in cui ha affrontato le prove di accettazione da parte della Regia Aeronautica.

The MM.488 in the configuration it was in when it carried out the acceptance tests on behalf of the Regia Aeronautica.

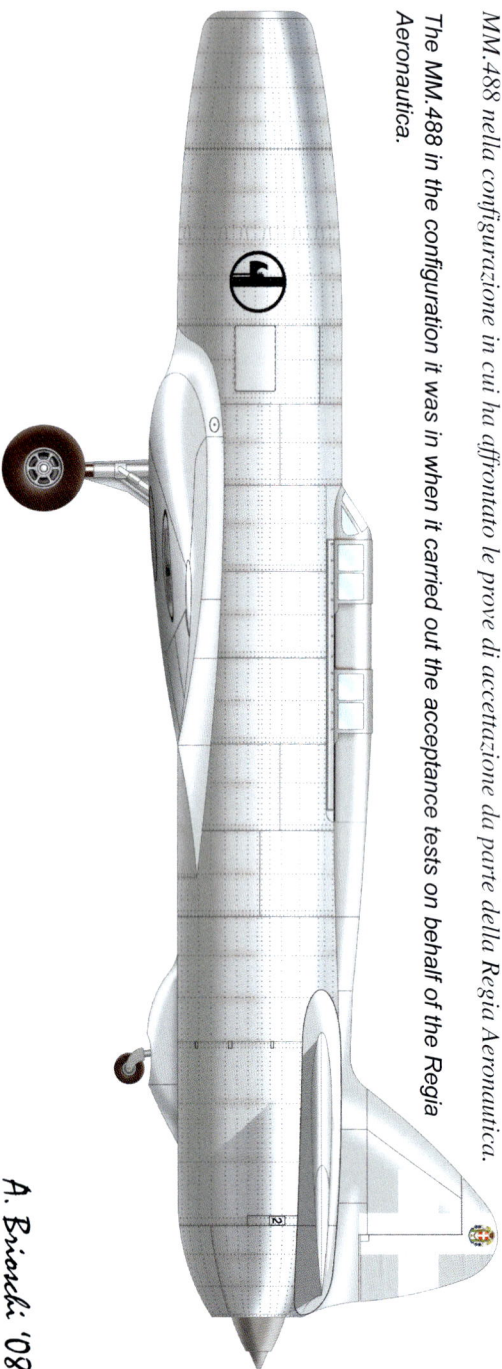

A. Bianchi '08

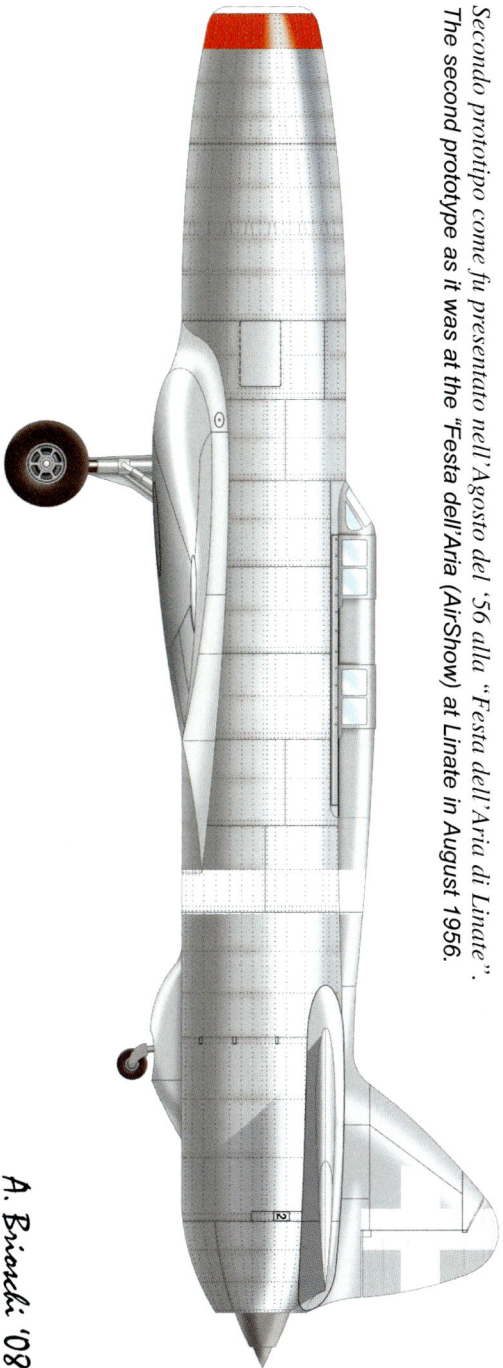

Secondo prototipo come fu presentato nell'Agosto del '56 alla "Festa dell'Aria di Linate". The second prototype as it was at the "Festa dell'Aria (AirShow) at Linate in August 1956.

A. Bianchi '08

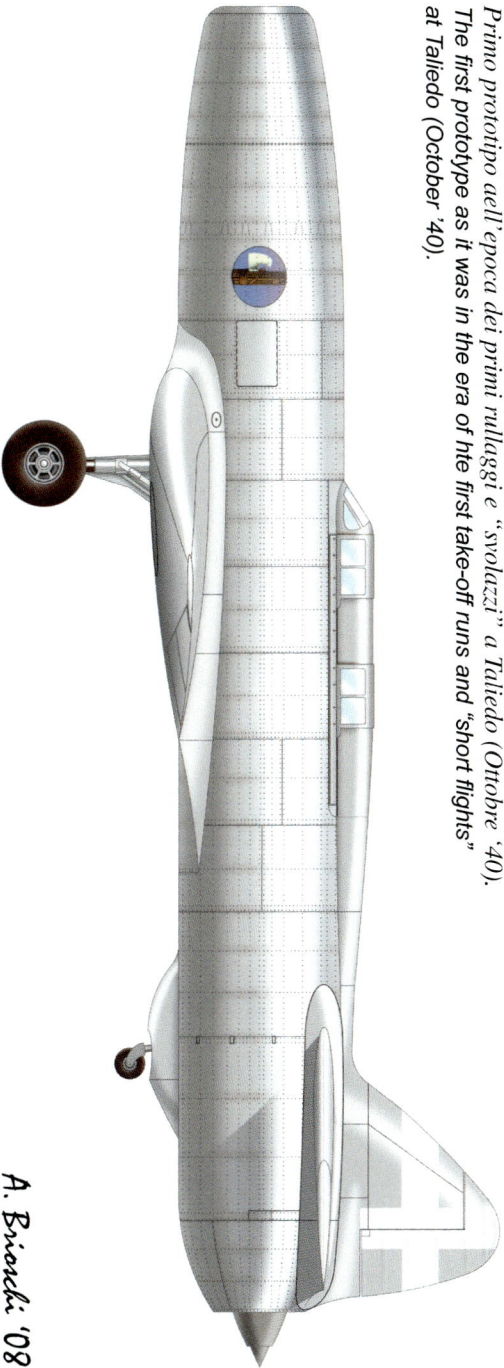

Primo prototipo aell'epoca dei primi rullaggi e "svolazzi" a Taliedo (Ottobre '40). The first prototype as it was in the era of hte first take-off runs and "short flights" at Taliedo (October '40).

A. Bianchi '08

IL CAMPINI-CAPRONI NELLA FILATELIA...

Non si può dire che di quest'aereo la filatelia italiana si sia molto occupata; nell'occasione del noto volo Milano-Roma del 30/11/41, le Poste Italiane non emisero alcun francobollo celebrativo dell'evento ma si limitarono a stampare degli aerogrammi con un semplice grande annullo postale a ricordo del volo con la scritta "1° volo del velivolo "Campini" a reazione - Milano/Guidonia - 30/11/41". Detti aerogrammi portavano, in alto a sinistra, un'immagine dell'aereo in volo, le diciture "via aerea" e "velivolo a reazione Campini-Caproni N.1 - volo Milano-Guidonia". Oltre al timbro succitato, comparivano i 2 timbri postali di Milano e di Guidonia (ovviamente con la stessa data) e, in taluni casi, anche le firme autografe dei due piloti.

Un notevole carico di posta (circa 200 buste e 300 cartoline commemorative dell'evento) fu in effetti trasportato con quel volo a cura del Cap. Giovanni Pedace (noto collezionista filatelico oltre che pilota) in tal modo stabilendo un primato nel campo del trasporto postale a mezzo di aviogetto.

Nel 1973, nella ricorrenza del cinquantenario di fondazione dell'Aeronautica Militare Italiana, le Poste Italiane emisero uno speciale francobollo commemorativo per il valore di 180 lire italiane riproducente il Campini-Caproni in volo ascendente con la scritta "1923-1973 Aeronautica Militare - Italia".

Da ricordare, infine, che il 30/11/1991, a distanza cioè di 50 anni dal volo Milano-Roma, l'Amministrazione delle Poste emise, con tiratura di 700.000 esemplari e sulla falsariga di quello del 1941, un nuovo aerogramma celebrativo con l'impronta dell'affrancatura da 800 lire italiane ed una composizione raffigurante l'aereo seguito da una lunga scia tricolore e con due diverse diciture: "50° anniversario del 1° volo di trasferimento compiuto dal 1° aereo a reazione italiano" e "30-11-1941 collegamento Milano-Guidonia piloti De Bernardi - Pedace". Sullo stesso aerogramma è stato pure riprodotto il grande annullo postale del 30/11/41 ricordato più sopra.

...E NEL MODELLISMO

Non risultano attualmente in commercio, nonostante accurate ricerche, scatole di montaggio dell'aereo Campini-Caproni.

Tra le varie case produttrici di scatole di montaggio, solo la Delta riservò nel lontano passato una certa attenzione a quest'aereo: una scatola in scala 1/72 fu posta in vendita negli anni 1972 e 1973 ma la produzione si esaurì ben presto e già nel 1980 la scatola non si trovava più nei negozi di modellismo. Solo nel 1990 essa ricomparve, questa volta con il marchio Delta 2; era in sostanza eguale alla precedente ma non vi era compreso un utile fascicoletto (presente nella prima edizione) con la storia dell'aereo, dati tecnici, alcune buone fotografie in bianco e nero ed uno spaccato a colori.

A giudizio degli esperti il modello, una volta costruito, si presentava abbastanza fedele all'originale e dava un'ottima idea della realtà. I 33 pezzi di plastica celeste più altri 3 trasparenti per il tettuccio apparivano ben stampati, con poche sbavature e richiedevano ben poche rettifiche o stuccature. Qualcuno trovò che la proporzione tra le varie dimensioni non risultava esatta, con particolare riguardo alle ali ed ai piani di coda, e che il tettuccio non era abbastanza scorrevole. Corrette e ben illustrate erano comunque le istruzioni per il montaggio ma incompleti i consigli per la colorazione. Il giudizio complessivo, a detta degli intenditori, fu comunque senz'altro positivo.

Ci spiace rilevare che nessuna casa produttrice abbia più ritenuto di stampare e mettere in vendita un modello dell'aereo.

THE CAMPINI-CAPRONI IN STAMP COLLECTING

We can't say that there has been much interest in Italian stamp collecting for this aeroplane; on the occasion of the well-known Milan to Rome flight of 30/11/41, the Italian Postal Service didn't issue any stamps celebrating the event but restricted itself to printing some aerogrammes with large simple stamp cancelling in memory of the flight with the writing "1st flight of the "Campini" jet aircraft - Milan to Guidonia - 30/11/41". The aforementioned aerogrammes had, at the top left, a picture of the aeroplane in flight, the wording "via air" and "Campini-Caproni No.1 jet aircraft-Milan-Guidonia flight". Besides the aforementioned postmark, two postmarks appeared for Milan and Guidonia (obviously with the same date), and in some cases also the authentic autographs of the two pilots.

A considerable postal load (about 200 envelopes and 300 postcards commemorating the event) was in fact transported with that flight. Cap. Giovanni Pedace, who besides being a pilot was a well-known stamp collector, looked after the post. Therefore De Bernardi and Pedace were the first to use a jet aircraft to carry the post.

In 1973, to commemorate the fiftieth anniversary of the foundation of the Aeronautica Militare Italiana, the Italian Postal Service issued a special commemorative stamp costing 180 lire and reproduced the Campini-Caproni aeroplane in a climb with the writing "1923-1973 Aeronautica Militare-Italia".

Finally, we should remember that on 30/11/1991, at a distance that is of 50 years from the Milan-Rome flight, the Postal Service issued, with a printing of 700,000 examples and along the lines of that of 1941, a new celebrative aerogramme with the stamping of 800 Italian lire and a picture depicting the aeroplane followed by a long three-coloured trail and with two wordings: "50th anniversary of the 1st transfer flight completed by the first Italian jet aircraft" and "30/11/1941 linking of Milan-Guidonia pilots De Bernardi-Pedace". The large stamp cancelling of 30/11/41 recorded above was even reproduced on this aerogramme.

...AND IN MODELLING

We haven't been able to find any model kits for the Campini-Caproni for sale, in spite of looking everywhere.

Among the various firms producing model kits, only Delta reserved some attention to this aeroplane a long time ago: a model kit on a scale of 1:72 was put on sale in 1972 and 1973 but the stocks were soon finished and already by 1980 it could no longer be found in the modeling shops. Only in 1990 did it reappear, this time with the trade mark Delta 2; it was in short the same as its predecessor but a useful little booklet (present in the first edition) wasn't included. It had the history of the aeroplane, technical specifications, some good black and white photos and a coloured vertical section drawing.

In the opinion of the experts the model, once it had been built, was quite faithful to the original and was very authentic. The 33 sky-blue plastic pieces plus another 3 transparent ones for the canopy appeared to be well moulded, with few chippings and it needed very few rectifications or puttying. Somebody found that the proportion among the various dimensions was not exact, particularly regarding the wings and the empennages, and that the canopy didn't slide very well. However, the assembly instructions were correct and well illustrated although the advice for the colouring was incomplete. However, overall, according to the experts, the model was very good.

It is disappointing to note that no modelling firm has ever again thought of producing and putting a model of the aeroplane on sale.

APPENDICI

In buona parte le appendici che seguono sono riproduzioni fedeli di documenti originali conservati nell'archivio dell'Ing. Secondo Campini.

I disegni, in particolare, erano per lo più di notevoli dimensioni, ad esempio cm 80 x 140, 52 x 144 ovvero 90 x 129 e così via per cui, per quanto ovvio, sono stati adeguatamente ridotti alle dimensioni compatibili con la stampa di questo libro. La scala in essi indicata non è ovviamente valida per ricondurre alle dimensioni reali.

APPENDIXES

For the most part the appendixes that follow are faithful reproductions of the original documents kept in Ing. Secondo Campini's archives.

The drawings, in particular, were for the most part of considerable dimensions, for example 80 cm x 140 cm, 52 cm x 144 cm or 90 cm x 129 cm and so on for which, although obvious, the dimensions were suitably reduced to make them compatible with the printing of this book. The scale in which they are in is obviously not appropriate to take them back to the real dimensions.

Appendice n. 1

Ing. Secondo Campini
Note biografiche

Piemontese di origine, nacque a Bologna il 28/8/1904 e si laureò in ingegneria civile col massimo dei voti nel Politecnico della stessa città il 17/11/1928.

Cominciò i suoi studi sulla propulsione a reazione nel 1927. Nel 1931 fondò a Milano la Società "S. Campini, Velivoli e Natanti a reazione" (VENAR) allo scopo di sviluppare tale tipo di propulsione. Negli anni 1931-32 la sperimentò infatti su di un motoscafo a Venezia a seguito di una commissione dell'aprile 1931 del Ministero dell'Aeronautica.

In seguito all'esito positivo di tali prove, il 5/2/34 ricevette dallo stesso Ministero una commissione per progettare e costruire 2 aerei ed una fusoliera provvisti di tale tipo di propulsione. A tale scopo si associò alla Società di costruzioni aeronautiche Caproni di Taliedo (Milano) dal 1935 al 1946.

Le citate costruzioni lo impegnarono dal 1934 al 1942. La fusoliera di prova fu sperimentata nel 1936 ottenendo lusinghieri risultati tanto da indurre il Ministero a confermare la costruzione dei 2 aerei già previsti dal contratto.

Il 27/8/40 per la prima volta uno dei due velivoli si alzò in volo da Milano, più tardi seguito dal secondo. Il 30/11/41 il Campini-Caproni fu trasferito da Taliedo a Guidonia (Roma) per le valutazioni ed i perfezionamenti da parte di quel Centro Sperimentale di Volo. Il volo in parola ebbe grande risonanza internazionale.

Dopo il periodo bellico, aprì un suo laboratorio/officina a Milano, dove lavorò per varie ricerche (con interruzione dal 1948 al 1951, anni trascorsi negli Stati Uniti) fino al 1970. Dal 1960 si dedicò in particolare alle turbine e dal 1965 all'aviazione suborbitale oltre che a mezzi individuali di trasporto, come auto-elicotteri ed elicotteri.

Si spense a Milano, poco più che settantacinquenne, il 7/2/1980.

Appendix No.1

Ing. Secondo Campini
Biographical notes

Piedmontese in origin, Campini was born in Bologna on 28/08/1904 and graduated with a first class degree in Civil Engineering in the Polytechnic of the same city on 17/11/1928.

He started his studies on jet propulsion in 1927. In 1931 he founded the "S.Campini Velivoli e Natanti a Reazione" VENAR (S.Campini Jet Aircraft and Boats) with the aim of developing this type of propulsion. In the years 1931-32, in fact, he experimented with a motorboat in Venice following an order from the Ministero dell'Aeronautica in April 1931.

On 05/02/34, after a successful outcome to these tests, he received from the same ministry an order to design and build two aeroplanes and a fuselage equipped with that type of propulsion. It was with this aim in mind that he entered into a partnership with the Società di Costruzioni Aeronautiche Caproni (Caproni Aeronautical Construction Company) in Taliedo (Milan) from 1935 to 1946.

The cited constructions kept him employed from 1934 to 1942. The test fuselage was experimented with in 1936. The results it obtained were so flattering that they induced the ministry to confirm the construction of the two aeroplanes that had already been planned for in the contract.

On 27/08/40 one of the two aircraft took off from Milan for the first time, later the second one followed. On 30/11/41 the Campini-Caproni was transferred from Taliedo to Guidonia (Rome) for the evaluations and improvements to it on the behalf of the Centro Sprimentale di Volo (Experimental Flight Centre). To cut things short the flight aroused great interest.

After the wartime period, Campini opened his own laboratory/workshop in Milan, where he worked on various research projects (with an interruption from 1948 to 1951, years spent in the United States) until 1970. From 1960 he devoted himself in particular to the turbines and from 1965 to suborbital aviation as well as individual means of transport, such as auto-helicopters and helicopters.

He died in Milan, at the age of almost seventy-five and a half on 07/02/1980.

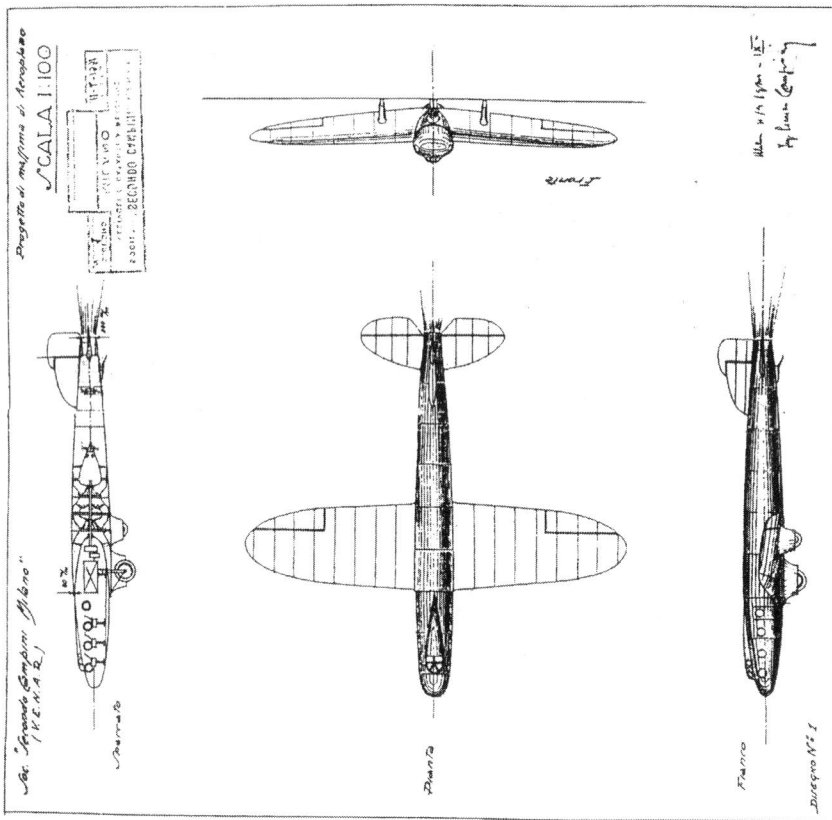

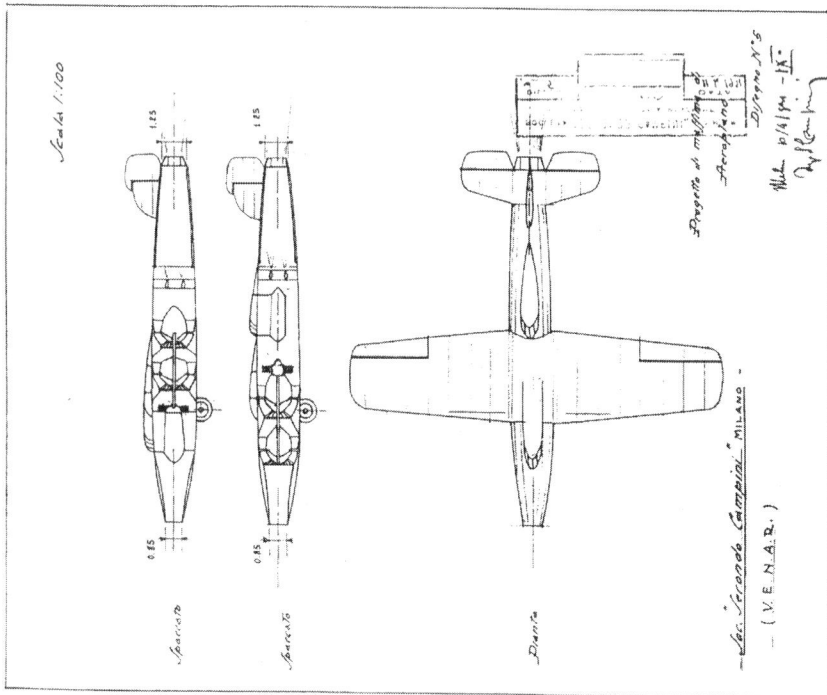

Trittici di due progetti dell'Ing. Campini datati 10 Aprile 1931 ed 11 Aprile 1931 rispettivamente, indicati come Disegno n. 5 (a sinistra) e Disegno n. 1 (a destra).

Brevetto fondamentale

REGNO D'ITALIA

MINISTERO DELLE CORPORAZIONI

UFFICIO DELLA PROPRIETÀ INTELLETTUALE

Attestato di Privativa Industriale
N 295813

Nel registro degli attestati di privativa industriale di questo Ufficio è stata regolarmente inscritta la domanda depositata, coi documenti voluti dalla legge, all a **Prefettura di Milano** *nel giorno* **venti** *del mese di* **gennaio** 19 **31** *alle ore* **16,30** *da*

Campini Secondo

a **Milano**

per ottenere una privativa industriale per il trovato designato col titolo:

Processo di propulsione a reazione e relativo dispositivo per aero-mobili e natanti.

Il presente attestato non garantisce che il trovato abbia i caratteri voluti dalla legge perchè la privativa sia valida ed efficace, e viene rilasciato senza esame preliminare del merito e della novità di esso

3 0 APR. 1932 Anno X

Roma, li

Il Direttore
Bises

Nei riferimenti al presente attestato richiamare soltanto il suindicato numero, adottando la dizione PRIVATIVA ITALIANA N 295813

Brevetto n. 295813 (definito "fondamentale" dallo stesso Campini) depositato il 20 Gennaio 1931, registrato il 30 Aprile 1932.

da "Brevetto Fondamentale" Campini n. 295813 (20/1/31)

Fig. 21

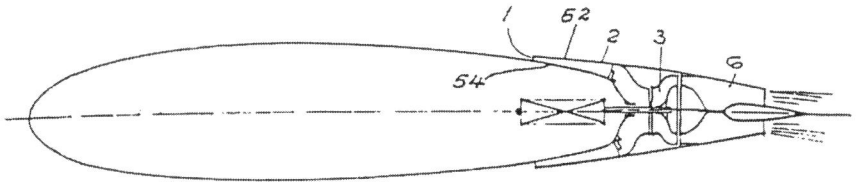

Fig. 22

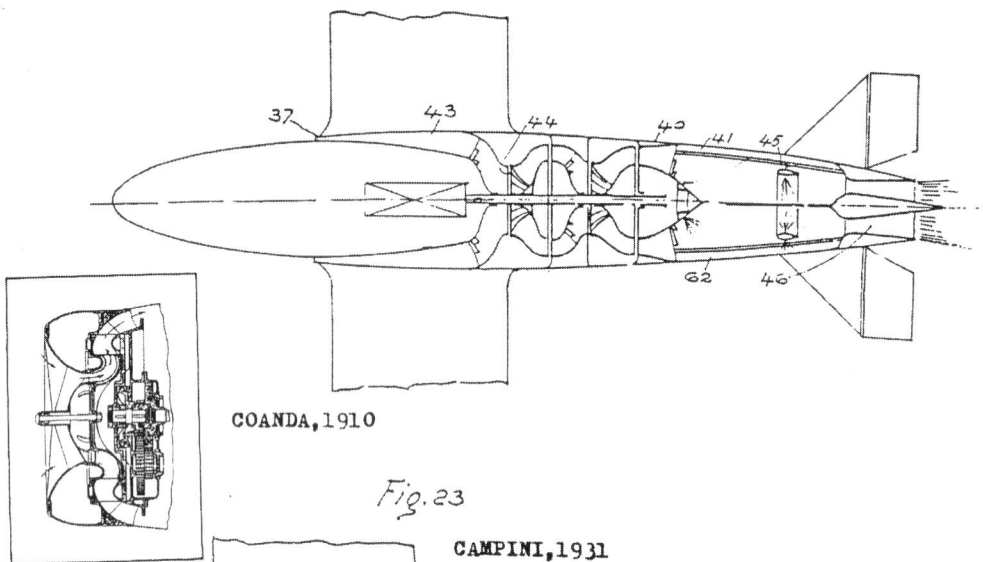

COANDA, 1910

CAMPINI, 1931

Fig. 23

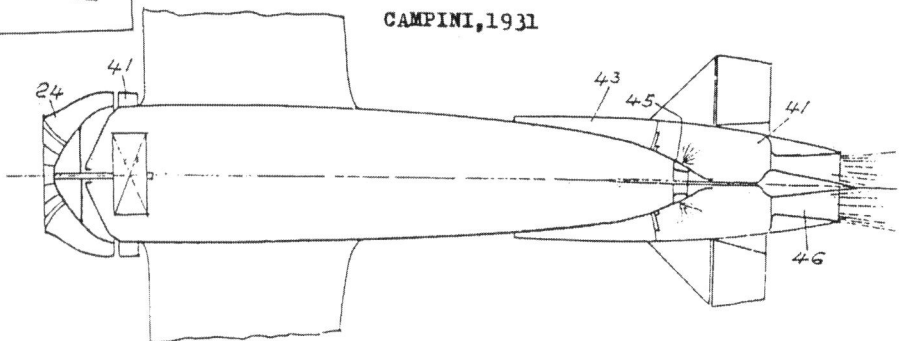

Disegni allegati al Brevetto n. 295813, indicati come Fig. 21, 22 e 23. Per utile raffronto con la Figura 23 è stato inserito lo spaccato del motore Coanda del 1910.

Appendice n. 5

Mod. A-1

MARCA DA BOLLO — LIRE CINQUE

MINISTERO delle CORPORAZIONI — 9 GIU. 1934 — PROPRIETÀ INTELLETTUALE

REGNO D'ITALIA

MINISTERO DELLE CORPORAZIONI

UFFICIO DELLA PROPRIETÀ INTELLETTUALE

Attestato di Privativa Industriale

N.° 318330

*Nel registro degli attestati di privativa industriale di questo Ufficio è stata regolarmente inscritta la domanda depositata, coi documenti voluti dalla legge, all*a Prefettura di Milano

nel giorno ventisei *del mese di* luglio *19*32 *alle ore* 15,30

da

Campini Secondo

a Milano

per ottenere una privativa industriale per il trovato designato col titolo:

Sistema di propulsione a reazione per aeromobili ed idromobili.

Il presente attestato non garantisce che il trovato abbia i caratteri voluti dalla legge perchè la privativa sia valida ed efficace, e viene rilasciato senza esame preliminare del merito e della novità di esso

Roma, li 9 GIU. 1934 Anno XII

Il Direttore

P. Bises

Nei riferimenti al presente *attestato* richiamare *soltanto* il suindicato numero, adottando la dizione

PRIVATIVA ITALIANA N.° 318330

Brevetto n. 318330 depositato il 26 Luglio 1932, registrato il 9 Giugno 1934.

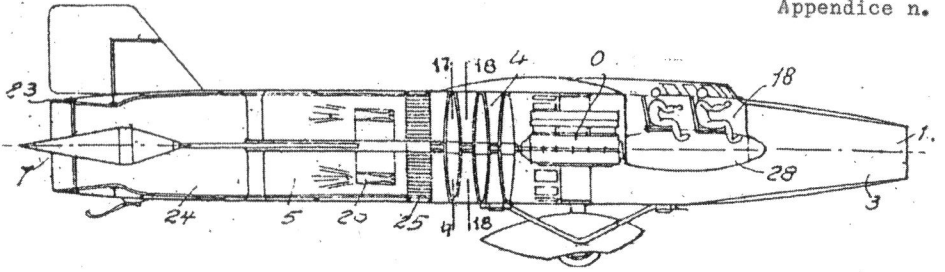

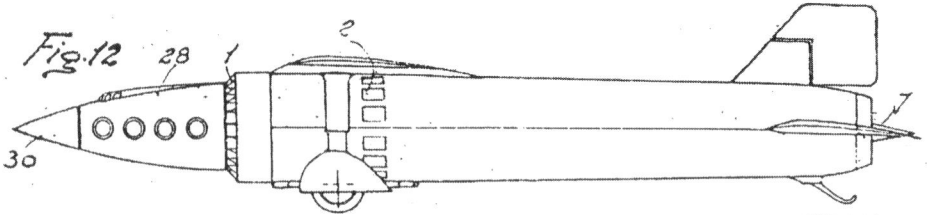

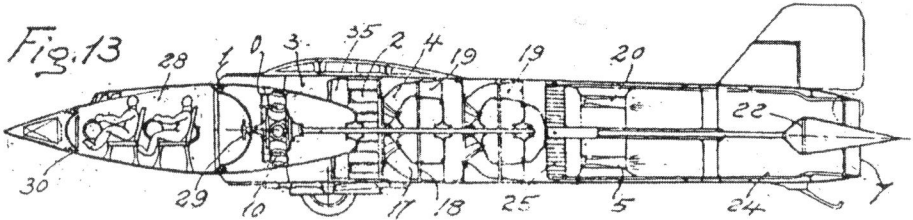

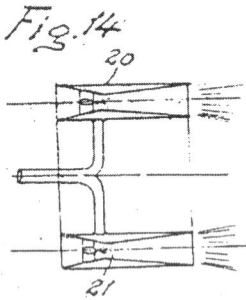

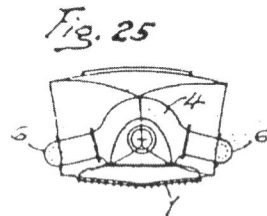

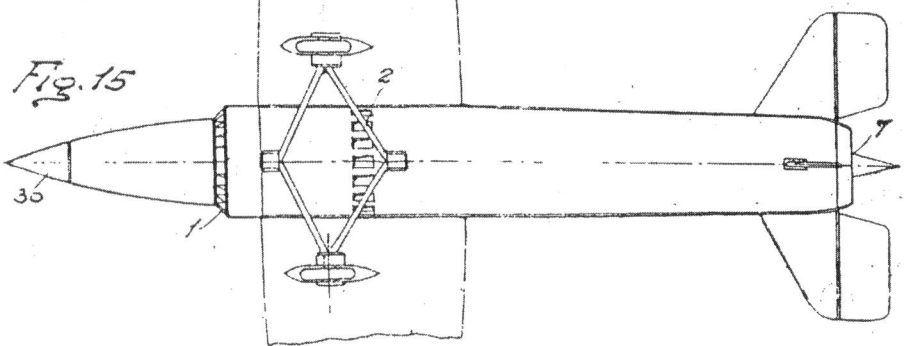

Disegni allegati al Brevetto n. 318330, indicati come Fig. 11, 12, 13, 14, 15 e 25.

Appendice n. 7

2024274

THE UNITED STATES OF AMERICA

TO ALL TO WHOM THESE PRESENTS SHALL COME:

Whereas   SECONDO CAMPINI,

of

Milan,   Italy,

PRESENTED TO THE **Commissioner of Patents** A PETITION PRAYING FOR THE GRANT OF LETTERS PATENT FOR AN ALLEGED NEW AND USEFUL IMPROVEMENT IN

REACTION-PROPULSION METHODS AND PLANTS,

A DESCRIPTION OF WHICH INVENTION IS CONTAINED IN THE SPECIFICATION OF WHICH A COPY IS HEREUNTO ANNEXED AND MADE A PART HEREOF, AND COMPLIED WITH THE VARIOUS REQUIREMENTS OF LAW IN SUCH CASES MADE AND PROVIDED, AND

Whereas UPON DUE EXAMINATION MADE THE SAID CLAIMANT IS ADJUDGED TO BE JUSTLY ENTITLED TO A PATENT UNDER THE LAW.

Now THEREFORE THESE **Letters Patent** ARE TO GRANT UNTO THE SAID

Secondo Campini, his heirs

                                                    OR ASSIGNS

FOR THE TERM OF SEVENTEEN YEARS FROM THE DATE OF THIS GRANT

THE EXCLUSIVE RIGHT TO MAKE, USE AND VEND THE SAID INVENTION THROUGHOUT THE UNITED STATES AND THE TERRITORIES THEREOF.

In testimony whereof, I have hereunto set my hand, and caused the seal of the Patent Office to be affixed at the City of Washington this seventeenth *day of* December, *in the year of our Lord, one thousand nine hundred and* thirty-five, *and of the Independence of the United States of America the one hundred and* sixtieth.

Attest:

H S Miller
Law Examiner.

Commissioner of Patents.

Brevetto U.S.A. n. 2024274 del 17 Dicembre 1935.

Appendice n. 8

Disegni del fianco, sezione e pianta del progetto C.S. 500-V del 10 Marzo 1933.

Appendice n. 9 / Appendix No.9

SCHEDA TECNICA DEL PROGETTO 1933 / *TECHNICAL DATA OF THE 1933 PROJECT*

Aeroplano sperimentale a reazione sistema "Secondo Campini"

MODELLO C.S. 600

Disegno n. V/45/Di dd. 15/8/33 con elementi ripresi dal modello C.S. 500-V del disegno n. V/44/Di dd. 10/3/33.

Design no. V/45/Di of 15/08/33; elements had again been taken from model C.S. 500-V of the design no. V/44/Di dd. 10/03/33.

Il Mod. C.S. 600 è assunto come riferimento dal Contratto n. 12 Rep. dd. 5/2/34 e dall'accertamento eseguito nel Settembre del 1942 dal Cap. Arturo Pomarici della Direzione Costruzioni Aeronautiche di Milano sull'aumento richiesto dalla Ditta Campini.

Model C.S.600 was taken on as a reference for the contract no.12 register of 05/02/34 and for the evaluation carried out in September 1942 by Cap. Arturo Pomaria della Direzione Costruzioni Aeronautiche in Milan on the urgent request of the Campini Company.

Fonti dei dati
Disegno originale n. V/45/Di dd. 15/8/33
Schema di sottomissione dd. 2/8/32
Pagine contratto n. 12 Rep. dd. 5/2/34

Sources of the data:
Original design no. V/45/ Di of 15/08/33
Layout of submission of 02/08/32
The contract pages were in contract no.12 register of 05/02/34

Apertura alare/ *Wing span*	m	14.00
Lunghezza totale/ *Total length*	m	13.80
Altezza totale/ *Total height*	m	5.20
Superficie alare/ *Wing surface*	mq	36.00
Diametro massimo fusoliera/ *Maximum fuselage diameter*	m	1.35
Diametro presa d'aria/ *Air intake diameter*	m	0.60
Diametro delle due ventole/ *Diameter of the two gauge boxes*	m	1.30
Diametro mozzo rotore/ *Diameter of the rotor hub*	m	0.45
Altezza delle pale/ *Blade length*	m	0.425
Numero pale delle ventole/ *Blade number for the gauge boxes*		8
Corda media alare/ *Mean chord*	m	2.53
Carico alare/ *Wing loading*	kg/mq	90
Peso massimo al decollo/ *Maximum take -off weight*	kg	2500
Peso a vuoto/ *Empty weight*	kg	1200
Carico combustibile/ *Fuel load*	kg	650
Carico utile/ *Useful load*	Kg	500
Equipaggio (2)/ *Crew (2)*	kg	150
Velocità massima stimata/ *Maximum estimated speed*	Km/h	600
Velocità minima stimata/ *Minimum estimated speed*	Km/h	150/200
Coefficiente robustezza/ *Ruggedness coefficient*		8-10

N.B. Tutti i dati sono teorici stimati / *N.B. all the data is theoretically estimated*

Appendice n. 10 / Appendix no.10

SCHEDA TECNICA DEL MOTOREATTORE DI PROVA IN SCALA 1 : 3
TECHNICAL DATA OF THE TEST MOTORJET ON A SCALE OF 1:3

Realizzato dopo il 25/5/34 (Convenzione Ditta Campini - Ministero Aviazione), prima dell'inizio costruzione della fusoliera di prova (fine 1934), ultimata 6/12/36.

It was produced after 25/05/34 (Campini Company – Aviation Ministry Agreement) but before the building of the test fuselage started (end of 1934). This was completed on 06/12/36.

Fonti dei dati:
Relazione tecnica Campini (marzo 1942), pp. 56-61
Tavole XVI-XVII (valori sperimentali modello 1:3)
L'Aerotecnica Vol. XVIII 01/1938, pag. 37, figg. 6-7

Sources of the data:
Campini's technical report (March 1942), pp. 56-61
Tables XVI-XVII (model experimental values 1:3)
L'Aeronautica Vol.XVIII 01/1938, fig. 6-7

Lunghezza totale motoreattore / *Total motorjet length*	mm	1500
Diametro della girante unica / *Diameter of the one and only impeller*	mm	460
Numero delle pale / *Blade number*		6
Numero pale del raddrizzatore / *Blade number of the rectifier*		10
Diametro presa d'aria / *Air intake diameter*	mm	290
Potenza motore elettrico (esterno) / *Electric engine power (external)*	CV	7.50-8
Salto di temperatura interna / *Rise in internal temperature*		250°
Velocità ingresso aria / *Speed air sucked in*	m/s	45
Bruciatore a benzina vaporizzata / *Burner with vaporized petrol*	-	-
Giri massimi girante / *Maximum impeller revolutions*	g/s'	6100
Rendimento compressore / *Compressor efficiency*		0.80 – 0.85
Spinta a freddo / *Cold thrust*	kg	14.5
Spinta con bruciatore / *Thrust with burner*	kg	20.0
Profilo pale della girante / *Profile of impeller blades*	NACA	0020
Rendimento ingranaggi / *Gear efficiency*		0.96

Appendice n. 11 / Appendix no.11

SCHEDA TECNICA DELLA FUSOLIERA DI PROVA / *TECHNICAL DATA OF THE TEST FUSELAGE*

Finita di costruire il 6/12/36, doveva costituire il corpo propulsivo dei prototipi secondo gli schemi espressi dai disegni del 3/4/37 di cui al preventivo del 20/4/37, base del "Progetto 1937".

Construction was finished on 06/12/36; it was to make up the propulsive unit of the prototypes according to the layout expressed by the designs of 03/04/37, which the budget of 20/04/37 was concerned about. It was the basis for the "Project 1937".

Fonti dei dati :

Disegno originale n. 5 dd. 27/1/36 intestato come "Apparecchio tipo Campini-vista di fianco e sezioni", scala 1:10. Particolari Compressore.

Relazione tecnica Ing. S.Campini "Sul moto-propulsore aeronautico a reazione Campini" - Centro Sperimentale Campini - Marzo 1942 - pagg.61-65.

Relazione prove 27-29/4/1937 "Aeroplano a reazione Campini 2" - pagg. 8 - 20.

Sources of the data:

The original drawing was no.5 of 27/01/36 headed as "Campini type aircraft a view of the side and sections" on a scale of 1:10. There are features of the compressor.

Ing. S. Campini's technical report "on the Campini aeronautical jet engine propelled aircraft" - Campini Experimental Centre-March 1942 - pages 61-65.

The test reports 27-29/04/1937 "Campini 2 jet aeroplane" - pages 8-20.

Lunghezza fusoliera (spina esclusa) / *Fuselage length (pin excluded)*	m	11,840
Sporgenza spina Doble-Pelton / *Doble-Pelton projecting pin*	m	0,710
Diametro massimo fusoliera / *Maximum fuselage diameter*	m	1,657
Diametro minimo presa d'aria / *Minimum air intake diameter*	m	0,840
Lunghezza sezione presa d'aria / *Length of air intake section*	m	1,536
Lunghezza sezione compressore / *Length of compressor section*	m	0,840
Lunghezza sezione radiatore-motore-cabina e bruciatori / *Length of radiator section-engine - cabin and burners*	m	6,600
Lunghezza sezione di scarico / *Exhaust section length*	m	2,848
Diametro delle due ventole / *Diameter of the two gauge boxes*	m	1,42
Diametro mozzo delle ventole / *Diameter of the gauge box hub*	m	0,62
Altezza delle pale / *Blade length*	m	0,40
Numero delle pale per girante / *Number of the impeller blades*		6
Spinta a freddo con portata di 51.5 mc/s e velocità media / *Cold thrust with delivery of 51.5 mc/s and average speed* nella sezione di presa d'aria di 91.5 m/s / *in the air intake section of 91.5 m/s*	kg	650
Consumo motore senza bruciatori / *Engine consumption without burners*	gr/s	130
Spinta con bruciatori con portata di 49 mc/s e consumo di 325 gr/s / *Thrust with burners with delivery of 49 mc/s and consumption of 325 revolutions per second*	kg	730

Riferimenti sperimentali riportati su Tav. VIII Relazione n. 585 dell'Agosto 1940 (prove sperimentali 27-29/4/37). (vedi Appendice n. 16).
This experimental data is cited from Table VIII Report No. 585 of August 1940 (experimental tests on 27 - 29/04/37). See appendix no.16.

Rendimento effettivo compressore / *Efficient output of the compressor*	0.76

Motore impiegato nella fusoliera di prova:

E' possibile identificarlo nella lettera del 19/6/1935 del Ministero dell'Aeronautica a Campini, nella quale si propone un IF Asso 750 RC al posto del richiesto Asso XI RC (ce ne furono tre versioni secondo "Jane's 1938"). Evidentemente, per le prove statiche, venne accettato, non essendo ancora disponibile il modello Asso XI RC (ovvero la versione L 121 RC40).

Secondo Jane's 1938 il motore IF Asso 750 RC era a 18 cilindri a doppia V (anziché 12 cilindri dei modelli successivi) e cilindrata di 47.100 litri (anziché 32.646 lt. del tipo L 121 RC40). Pesava a secco (senza accessori) 730 kg (anziché 594 kg senza accessori). La prestazione indicata era: normale 870 HP a 1850 giri/1' a 3500 m, massima 898 HP a 1950 giri/1' a 3800 m e 850 HP a 1750 giri/1' a quota zero (decollo). Nelle prove sono indicati 2200 giri/1' ad evidenza che il motore venne portato in sovrapotenza per ottenere una maggiore spinta che era attesa di 700 kg (a freddo) e 900 kg (con bruciatori); come noto, si ottennero invece rispettivamente 650 kg e 730 kg. Poiché il moltiplicatore aveva un rapporto di moltiplica di 1:1.636, il compressore girava ad un massimo di 3600 giri/1' ma il rendimento risultò 0.76 e non 0.83 come nel progetto successivo (1938/40).

What was the engine used in the fuselage test:

It is possible to identify it in the letter of 19/06/1935 of the Ministero dell'Aeronautica to Campini, in which an IF Asso 750 RC was proposed instead of the requested Asso XI RC (there were three versions according to "Jane's 1938"). Obviously it was accepted for the static tests because the model Asso XI RC or the L 121 RC40 version was still not available.

According to Jane's 1938 the IF Asso 750 RC was an 18 cylinder W-type engine (rather than 12 cylinders of the subsequent models) with a cubic capacity of 47.100 litres (rather than 32.646 litres of the L.121 RC 40 type). The dry weight (without accessories) was 730 kg (rather than 594 kg without accessories). The indicated performance was: normal 870 HP at 1850 revolutions per minute at 3500 m, maximum 898 HP at take off. It was evident in the tests that the engine was charged up to superpower to obtain greater thrust. This was calculated at 700 kg cold and 900 kg with burners on. It is well known that the thrust obtained, instead, was respectively 650 kg and 730 kg. Since the multiplier had a multipliable ratio of 1:1.636, the compressor span round at a maximum of 3600 revolutions per minute but the efficiency was 0.76 and not 0.83 as in the subsequent project (1938/40).

Appendice n. 12 / Appendix no.12

SCHEDA TECNICA DELL'AVIOGETTO "CAMPINI-CAPRONI 2"
TECHNICAL DATA OF THE "CAMPINI-CAPRONI 2" JET AIRCRAFT

Evoluzione finale del "Progetto 1937", a sua volta evoluzione del "Progetto Contrattuale 1934", con primo decollo alle ore 19.30 del 27/8/40 a Taliedo ed ultimo volo il 27/8/42 a Guidonia. Dall'agosto 1940 al novembre 1941 i prototipi subirono alcune modifiche interne (installazione di almeno due bruciatori diversi e due combinazioni moltiplicatore-palette del compressore) ed esterne (compensazione aerodinamica sui piani di coda dal 1° tipo al 2° tipo, con passaggio intermedio - maggio 1941 - e modifica della deriva in altezza e nel piano mobile).

This was the final development of the "Project 1937", and in its turn the development of the "Contractual Project 1934", with the first take off at Taliedo at 19.30 on 27/08/40 and last flight at Guidonia on 27/08/42. From August 1940 to November 1941 the prototypes were subjected to some internal modifications (installation of at least two different burners and two blade-multiplier combinations of the compressor) and external (aerodynamic balancing on the type 1 and type 2 empennages with an intermediate passage - May 1941 - and modifications to the height of the fin on the movable plane).

Fonti dei dati

1) Disegni originali n. 28 (26/9/39); n. 37 (7/5/41); n. 39 (2/5/41); n. 40 (1/5/41) in scala 1:10 ed 1:15.

Sources of the data:

1) Original drawings no.28 (26/09/39); no.37 (07/05/41); no.39 (02/05/41); no.40 (01/05/41) on a scale of 1:10 and 1:15.

2) Relazione tecnica Campini a Direzione Territoriale Costruzioni Aeronautiche di Milano (12/9/38) in vista prove statiche luglio-agosto 1940.

2) Campini's technical report with the Direzione Territoriale Aeronautiche (Aeronautical Territorial Construction Management) in Milan in view of the static tests in July - August 1940.

3) Relazione tecnica Campini (marzo 1942) pagg. 65 - 69.

3) Campini's technical report (March 1942) pages 65-69.

4) Relazione tecnica "Aeroplani Caproni" - Roma sui fatti a Guidonia dal 30/11/41 al 27/8/42 con NC 4849 (Prot. n. 2315 dd. 27/11/42).

4) "Aeroplani Caproni" technical report - Rome on the events at Guidonia from 30/11/41 to 27/08/42 with NC 4849 (reference no.2315 of 27/11/42).

5) Trittico relazione tecnica Campini (marzo 1942).

5) Campini's technical report on the triptych (March 1942).

6) Relazione cronologica dell'Ing. La Calamita a Taliedo (22/11/41) e del Col. De Cristofaro (27/11/41).

6) Chronological report by Ing. La Calamita (22/11/41) and Col. De Cristofaro (27/11/41) at Taliedo.

7) Relazione tecnica inglese del S/Ldr. F. Pickles, MAP "Caproni-Campini Aircraft and

7) British technical report by Squadron Leader F. Pickles, MAP "Caproni-Campini Aircraft and Allied Developments

Allied Developments in Italy" - giugno 1944 con dichiarazioni del Col. Torre e traduzione del rapporto n. 72 della Regia Aeronautica Centro Sperimentale, Sez. Guidonia (ottobre 1942).

in Italy" - June 1944 with declarations by Col.Torre and translation of the report no. 72 of the Regia Aeronautica Centro Experimentale (Regia Aeronautica Experimental Centre), Guidonia Section (October 1942).

8) RAE - "Foreign Aircraft Caproni-Campini Structural Features" - febbraio 1946 - Technical Note E.A. no. 234 - Ing. R.G. Hills, B.Sc.

8) RAE- "Foreign Aircraft Caproni-Campini Structural Features"- February 1946 - Technical Note E.A. no.234 - Engineer R.G. Hills, B.Sc.

A parte il dimensionamento che deriva dai disegni originali finali del 1941, indicando la variazione rispetto al 1940 sui piani di coda (aumento di 22 cm) e deriva, per i pesi, i consumi e le prestazioni (velocità alle varie quote e velocità di salita) è d'obbligo assumere i dati emergenti dai due documenti del 1942   4) e 7) della Caproni di Roma e della R.A. Sezione Guidonia. Per quanto deludenti, specie riferendoci alle velocità di salita, i dati sono quelli ufficiali rilevati in via strumentale (cine-teodolite) sul prototipo NC 4849 MM 487 consegnato al committente per la valutazione. I dati indicati da emergenze a Taliedo 6) e da cenni generali del Campini   3) non possono essere assunti come ufficiali in quanto soggettivi e di parte oltre che approssimativi (si parla di 'circa 300 Km/h') e basati su prototipi non specificati. Nella relazione della Regia Aeronautica ripetutamente si segnala una deludente prestazione in termini di salita (del resto erano previsti 900 kg di spinta contro gli effettivi 730 kg).

Apart from the dimensioning that derives from the original final drawings in 1941, indicating the variation compared to 1940 to the empennages (increase of 22 cm) and fin, the weights, consumption and performance (speed at the various altitudes and climbing speed), it is essential to use the data emerging from the two documents of 1942 (4) and (7) of Caproni in Rome and of the R.A. section in Guidonia. Although disappointing, especially when referring to climbing speed, the data is the official one collected by instruments (cine-thoedolite) on the prototype NC 4849 MM 487 sent to the committee for evaluation. The data hastily shown at Taliedo (6) and from short general accounts from Campini (3) can't be taken as official in as much as it was subjective and in part approximate as well (it was said to be about 300 km/h) and based on unspecified prototypes. In the Regia Aeronautica report a disappointing performance in terms of climb (in any case 900 kg. thrust was planned for compared to the actual 730 kg) was repeatedly mentioned.

Dimensionamento / *Dimensioning*:

Apertura alare / *Wing span*		m	14,630
Lunghezza totale netta fusoliera / *Total net fuselage length*		m	12,103
Sporgenza massima spina Doble-Pelton / *Maximum Doble-Pelton pin projection*		m	0,900
Sporgenza minima spina Doble-Pelton / *Minimum Doble-Pelton pin projection*		m	0,340
Lunghezza totale fusoliera con spina totalmente estratta *Total fuselage length with pin totally extracted*		m	13,003
Altezza totale / *Total height*	(1941)	m	4,717
	(1937-1940)	m	4,695
Apertura piani di coda / *Tail unit span*	(1941)	m	6,208
	(1937-1940)	m	5,988
Corda media alare / *Mean chord*		m	2,496

Superficie alare / *Wing surface*		mq	36,520
Diametro ruote / *Wheel diameter*		m	0,830
Carreggiata carrello / *Landing gear track*		m	3,834
Superficie piani di coda / *Tail unit surface*	(1941)	mq	6,370
	(1940)		5,700
Superficie deriva / *Fin surface*	(1941)	mq	2,200
Diametro massimo fusoliera / *Maximum fuselage diameter*		m	1,570
Diametro compressore tristadio / *Three-stage compressor diameter*		m	1,250
Diametro mozzo compressore / *Compressor hub diameter*		m	0,700
Diametro minimo presa d'aria / *Minimum air intake diameter*		m	0,720
Rapporto volumetrico di coda / *Volumetric tail ratio*	(1941)		0,445
	(1941)		0,410
Rendimento del compressore / *Compressor efficiency*			0,830

Profili alari simmetrici (spessore 20% alla radice) / *Symmetrical wing section aerofoil (20% thickness at the root)*

Lunghezza delle quattro sezioni fusoliera / *Length of the four fuselage sections:*

a) presa d'aria / *Air intake*	m	1,260
b) sezione compressore / *Compressor section*	m	0,780
c) radiatori-motore-cabina-bruciatori / *Radiators- engine - cabin - burners*	m	7,573
d) sezione di scarico netta / *Net exhaust section*	m	2,490
totale / *total*	m	12,103

Motore (dati nominali da ".Jane's" 1938):

Come certificato dalla lettera del 5/3/40, i motori (non specificando quanti) vennero consegnati dalla Regia Amministrazione Aeronautica e non dalla produttrice Isotta Fraschini (facente parte del Gruppo Caproni). Si ha quindi motivo di credere che non fossero nuovi di fabbrica ma ricavati dagli stocks della R.A. Da qui una possibile giustificazione delle lamentele di Campini che dichiarava i motori capaci di dare una potenza minore (lui dice 750 CV) di quella nominale (850 CV a quota zero). Il modello di riferimento è l' IF "Asso XI RC" ("Jane's 1938) costruito in due versioni (R2 C15 calibrato sui 1500 m ed R.C. 40 calibrato sui 4000 m). La costruzione, a parte il numero di cilindri, si rifaceva al modello "Asso 750 R.C. 35" usato sulla fusoliera di prova. I modelli consegnati furono del tipo "IF L.121 R.C. 40" (terza versione dell' "Asso XI RC", dove "R.C. 40" viene sostituito da "MC. 40"). E' logico pensare che furono consegnati tre esemplari (uno di riserva) dei quali sono note le matricole

Engine (rated data from "Jane's" 1938):

The engines, whose number was not specified, as certified by the letter of 05/03/40, were handed over by the Regia Amministrazione Aeronautica (Regia Aeronautica Administration) and not by the producer Isotta Fraschini (forming part of the Caproni Group). Therefore, one has reason to believe that they hadn't come new from the factory but were taken from the Regia Aeronautica stores. This could justify Campini's complaints when he declared that it was common for the engines to give a lower power (he says 750 hp) than the rated one (850 HP at zero altitude). The model under review was the IF "Asso XI RC" ("Jane's 1938) built in two versions (RC C15 calibrated at 1500 m and R.C. 40 at 4000 m). As for the construction, apart from the number of cylinders, the "Asso 750 R.C. 35", which was used on the test fuselage, re-appeared. The models delivered were of the "IF L.121 R.C.40" type (third version of the "Asso XI RC", where "R.C.40" was replaced by "MC.40"). It is logical to think that three examples (one in reserve) were delivered. Their military registration numbers are well-known

militari (e questo prova che provenivano direttamente dalla R.A. e non dalla I.F.).

Prestazioni del motore IF L.121 MC. 40: (serie "Asso XI RC)

Potenza normale a 2350 giri/1' 900 CV a 4000 m. Massima potenza 960 CV a 2400 giri/1' a 4000 m. Potenza al decollo 890 CV a 2350 giri/1'. Peso (senza accessori) 594 kg. Consumo 240 gr./CV/h. Dimensioni generali: lunghezza 2128 mm, ingombro frontale 834 mm, altezza 1106 mm.

C'è però il sospetto che sia stato consegnato a Campini un lotto misto comprendente un motore della terza ed ultima versione L.121 (MM 27275) e due motori della seconda versione (Asso XI RC. 40) (MM 19448 e 19432). Lo scarto tra i numeri di matricola può essere una prova. Il modello della seconda versione Asso XI RC. 40 dava infatti una potenza massima di 900 CV a 4000 m a 2400 giri/1' e 880 CV al decollo a 2250 giri/1'. Tali valori si ritrovano nei documenti. Mai si parla di potenza massima 960 CV (nominale).

Il primo motore ad andare in avaria a Guidonia fu proprio il modello MM 27275 con il quale l'aereo era giunto a Roma. Era nuovo e tenuto per il volo. Quindi si dovettero riutilizzare quelli rodati a Taliedo.

Pesi:

Le prove di peso eseguite a Taliedo in occasione delle prove statiche di resistenza del prototipo NC 4849 diedero valori diversi da quelli rilevati a Guidonia. Infatti, prima di iniziare le prove, fu rilevato un peso a vuoto (con bruciatori non montati) di 3400 kg ed un peso a pieno carico (esclusi strumenti) di 4200 kg. A Guidonia furono invece rilevati:

Peso a vuoto
(7/1/42) con strumenti,
residuo olio ed acqua radiatori 3668 kg
(8/4/42) senza strumenti, olio, ecc 3640 kg
(20/6/42) dedotto per sottrazione componenti 3600 kg

(and this proves that they came directly from the Regia Aeronautica and not Isotta Fraschini).

Performance of the L.121 MC.40: ("Asso" XI RC series)

Its working power was 2350 revolutions per minute 900 HP at 4000 m and its maximum power 960 HP at 2400 revolutions per minute at 4000 m. Its take off power was 890 HP at 2350 revolutions per minute. Its weight without accessories was 594 kg and consumption 240 grams/hp/h. Its general dimensions were: length 2128 mm, frontal floor space 834 mm and height 1106 mm.

There is the suspicion, however, that a mixed allotment including an engine of the third and last L.121 version (MM 27275) and two engines of the second version (Asso XI RC.40) (MM 19448 and 19432) was delivered to Campini. The difference between the registration numbers could be the proof. The model of the second version Asso XI R.C.40 gave, in fact, maximum power of 900 HP at 4000 m at 2400 revolutions per minute and 880 HP at take off at 2250 revolutions per minute. There were these values in the documents. There is nothing said about maximum power 960 HP (rated).

The first engine to have a breakdown at Guidonia was none other than the model MM 27275 with which the aeroplane reached Rome. It was new and had been held back for the flight. Therefore, those run in at Taliedo had to be used.

The Weight:

The weight tests carried out at Taliedo on the occasion of the resistance static tests of the prototype NC 4849 gave values different from those recorded at Guidonia. In fact, before starting the tests, an empty weight (with burners not mounted) of 3400 kg was recorded and a full load weight (excluding instruments) of 4200 kg. These were, instead, recorded at Guidonia:

*Empty weight
(07/01/42) with instruments,
remaining oil and water radiators 3668 kg
(08/04/42) without instruments, oil, etc 3640 kg
(20/06/42) deduced for removal of components 3600 kg*

Pesi da considerare ufficiali in quanto verificati dal committente
(come da relazione n. 72 della R.A. - relazione "Pickles"):

Peso a vuoto	3640 kg
Carico utile totale	577 kg di cui:

Equipaggio	170 kg	
(2 persone con paracadute)		

Peso massimo strumenti	15 kg	
(apparato ossigeno)		

Benzina (500 lt)	365 kg	
Olio	27 kg	

Peso massimo normale al decollo (8/4/42)   4217 kg
Peso massimo indicato al decollo (20/6/42)   4368 kg

Altre caratteristiche:

Carico massimo benzina:	860 litri
	(x 0.73 = 627.8 kg)

Consumo bruciatori (a terra):	28 lt/1'
(in volo):	26,20 lt/1'

Carico massimo olio:	50 kg

Giri motore/compressore:

decollo e salita con bruciatori	2050/3354
salita senza bruciatori	2350/3845
in velocità con bruciatori	2470/4036

Autonomia massima di volo:	1 ora e 27 minuti
(durante le prove a Guidonia)	(27/8/42)

Prestazioni dell'aereo:
(come da suaccennata relazione n. 72, ottobre 1942, R.A. Sezione Guidonia - Roma)
In più punti viene evidenziata la bassissima velocità di salita ed una certa difficoltà nel mantenere l'aereo

---

The weights are to be considered official as they were verified by the committee
(as they were from report no.72 of the R.A. - "Pickles" report):

Empty weight	*3640 kg*
Total useful load	*577 kg of which;*

Crew	*170 kg*	
(two people with parachutes)		

Maximum instrument weight	*15 kg*	
(oxygen equipment)		

Petrol (500 litres)	*365 kg*	
Oil	*27 kg*	

Maximum normal weight at take off (08/04/42) 4217 kg
Maximum indicated weight at take off (20/06/42) 4368 kg

Other characteristics:

Maximum petrol load:	*860 litres*
	(x 0.73 - 627.8 kg)

Burner consumption (on the ground):	*28 lt/1'*
(in flight):	*26.20 28 lt/1'*

Maximum oil load:	*50 kg*

Engine revolutions/ compressor:

take off and climb with burners	*2050/3354*
Climb without burners	*2350/3845*
At speed with burners	*2470/4036*

Maximum flight endurance: 1 hour and 27 minutes
(during the test at Guidonia)   *(27/08/42)*

Aeroplane performance:
(as was mentioned in the above-mentioned report no.72, R.A. Section Guidonia-Rome, October 1942)
It was noted in several places that the plane had a very low climbing speed and it was quite difficult to

completamente orizzontale (tendenza a picchiare) in volo stabile.

Decollo:
senza bruciatori, il cine-teodolite rilevava distanze di decollo di 800 m, velocità di salita di solo 0.70 m/sec con un peso di 4217 kg.

Velocità di salita (con peso al decollo di 4409 kg):
0 - 1000 m in 9' con bruciatori, pari a 1.85 m/sec
1000 - 4000 m in 44' senza bruciatori, pari a 1.14 m/sec

Velocità aereo senza bruciatori (quota 0):
292 Km/h a 2130 g/1' (3485 giri compressore)

Velocità di crociera (Taliedo - Guidonia Km 475)
209.451 Km/h

Altri dati riferiti:

senza bruciatore

velocità Km/h	325	293	316.5
quota (in metri)	3000	3200	4050
giri motore al minuto	1740	2080	2300
giri compressore al minuto	2847	3403	3763

con bruciatore

	359.5 Km/h
a	3000 metri
a	2020 giri motore al minuto
a	3305 giri compressore al minuto

Nota sulle dimensioni della spina Doble-Pelton:
La spina netta, dall'innesto col tubo contenente il movimento fino alla punta, era di 1500 mm, con sezione massima di 710 mm. Dalla sezione massima all'estremità in punta erano 900 mm; tale era la sporgenza massima della spina dallo scarico (il quale aveva un diametro di 940 mm). La sezione di scarico aveva superficie di 6936 cmq che si riduceva a 2980 cmq quando la spina era totalmente estratta. In quest'ultimo caso essa sporgeva dallo scarico per 340 mm. L'asse portante del bulbo aveva diametro di 310 mm.

---

keep it absolutely horizontal (tendency to dive) in stable flight.

Take off:
without burners, the cine-theodolite recorded a take-off run distance of 800 m, and a climbing speed of only 0.70 m/sec with a weight of 4217 kg.

The aircraft's climbing speed with a take-off weight of 4409 kg was; 0-1000 m in nine minutes with burners, equal to 1.85 m/sec; 1000 - 4000 m in 44 minutes without burners, equal to 1.14 m/sec.

The aeroplane speed without burners (zero altitude) 292 km/h at 2130 revolutions per minute (3485 compressor revolutions).

The cruising speed (Taliedo – Guidonia 475 km) 209.451 km/h

Other reported data:

without burners

Speed km/h	325	293	316.5
Altitude (in metres)	3000	3200	4050
Engine revolutions x minute	1740	2080	2300
Compressor revolutions x minute	2847	3403	3763

with burners

	359.5 km/h
At	3000 metres
At	2020 engine revolutions per minute
At	3305 compressor revolutions per minute

A note on the dimensions of the Doble-Pelton pin follows:
The net pin length from the clutch containing the movement to the point was 1500 mm, with a maximum section of 710 mm. It was 900 mm from the maximum section to the far end with the point; this was the maximum projection of the exhaust pin (which had a diameter of 940 mm). The exhaust section had a surface of 6936 cm^2 that was reduced to 2980 cm^2 when the pin was totally extracted. In the latter case it projected from the exhaust by 340 mm. The lift axis of the bulb had a diameter of 310 mm.

Appendice n. 13

DESCRIZIONE TECNICA DEL VELIVOLO

Monoplano, ad ala bassa, monomotore, biposto (in tandem), bicomando, con cabina stagna, completamente metallico, rivestimento compreso.

Fusoliera: struttura resistente a guscio con centine a forma di corona circolare; doppio rivestimento: esterno irrigidito da listellatura longitudinale ed interno con lamiera sottilissima per ridurre le perdite interne; fusoliera scomponibile in quattro elementi tenuti insieme da bulloncini; struttura portante e rivestimento in duralluminio.

Compressore composto da tre giranti e relativi statori, con palette a passo variabile comandabile in volo, collegato al motore da giunto a denti; scarica la spinta assiale direttamente sulla fusoliera.

Motore I.F. Asso L.121 MC 40, raffreddato ad acqua, a 12 cilindri in linea a "V", con compressore di ristabilimento della potenza; potenza normale 900 CV a 4000 m di quota.

Scarichi del motore: sistemati nel flusso d'aria compressa immediatamente prima dei bruciatori e disposti in modo da non creare vortici, con sezione terminale proporzionata in modo da produrre una certa spinta integrativa.

Cabina costituita da tre corpi cilindrici limitati da calotte sferiche; dotata di quattro finestrini scorrevoli per lato, sganciabili a volontà dal pilota.

Ala, in unico blocco (sul quale poggia la fusoliera), a struttura resistente a cassone, con 2 longheroni con sezione a doppia "T" composta e parete piena tipo trave Wagner; rivestimento irrobustito da listellatura longitudinale e centine trasversali; nella zona centrale anteriormente al longherone anteriore e tra i due longheroni trovano posto quattro serbatoi di benzina per una capacità totale di 628 kg (860 litri); nella stessa zona sono collocati i servizi olio per il

Appendix no.13

TECHNICAL DESCRIPTION OF THE AIRCRAFT

It was a monoplane, with a low wing, a single engine, two seats (in tandem), dual command and a pressurized cabin. The entire plane including the covering was completely metallic.

The fuselage consisted of a robust monocoque structure with ribs in the form of a circular crown. It had a double covering; it was stiffened on the outside by longitudinal lathing and on the inside by very thin plate to reduce the internal losses. The fuselage was split up into four parts kept together by small bolts. The supporting structure and covering was made of duralumin.

The compressor was composed of three impellers and the related stators, with variable pitch blades that could be controlled in flight. The compressor was connected to the engine by claw coupling; it discharged the axial thrust directly onto the fuselage.

The I.F. Asso L.121 MC40, water cooled, 12 inline "V" cylinder engine had a compressor to restore the power in the form of working power of 900 HP at 4000 m altitude.

The engine exhaust discharge system was placed in the compressed air flow just in front of the burners and arranged in a way so as not to create wind burbles. The end section was proportioned so as to produce some integrated thrust.

The cabin consisted of three cylindrical bodies confined by spherical bowls and was equipped with four small sliding windows on each side, which were opened or closed when wanted by the pilot.

The wing was made up of one part (on which the fuselage rested); it had a resistant caisson structure, with a compound double "T" section and the Wagner type full wall beam. The covering was strengthened by longitudinal lathing and transverse wing-ribs. There were four petrol tanks with a total capacity of 628 kg (860 litres) in the central area in front of the front spar and between the two other spars; the oil services for the control of the landing

comando dei martinetti per il carrello; posteriormente al longherone sono sistemati i comandi flaps ed alettoni; i flaps sono estesi a circa 2/3 dell'apertura alare e gli alettoni, a comando, agiscono anch'essi da flaps; flaps ed alettoni sono del tipo a cassone; l'acciaio è usato solo per i traversoni ed attacchi; tutto il resto in duralluminio.

Carrello costituito da due ruote con gamba elastica incernierata ad un estremo vertice di un tripode rigido con l'ala, vincolata direttamente alla stessa in un punto intermedio a mezzo di due aste e portante all'altro estremo a sbalzo la ruota; due martinetti provvedono al movimento di rientro ed uscita della ruota; a carrello chiuso, un portello copre la ruota. Ruotino di coda affidato ad una forcella libera di ruotare intorno al suo asse e vincolata in questa rotazione soltanto da un elastico che la richiama nella posizione normale; dotato di ammortizzatore, rientrabile nella sua carenatura in concomitanza con il rientro del carrello.

Piani di coda del tipo a cassone (piani orizzontali, verticali, fissi e mobili); i piani fissi sono smontabili e fissati alla fusoliera da tre bulloni in corrispondenza della camera di combustione (mentre nel progetto iniziale del 1937 erano fissati in posizione alta alla parte fissa della deriva); quelli mobili sono incernierati in due punti e comandati a mezzo leva nascosta nella carenatura; il materiale utilizzato è il duralluminio.

Otturatore di scarico, a forma di spina Doble-Pelton usata nelle turbine idrauliche, comandato da un martinetto agganciato ad una piramide montata sulla sezione armata della fusoliera in corrispondenza della ruota di coda e vincolata a tre montanti, incernierati a loro volta sulla fusoliera; le sollecitazioni di spinta e verticali d'inerzia si scaricano direttamente sulla fusoliera.

gear jacks were placed in the same area; the flap and aileron controls were placed behind the spar; the flaps were extended to about 2/3 of the wing span and the ailerons were also controlled by the flaps; the flaps and ailerons were of the caisson type; steel was only used for the crossbeams and wing attachments; all the rest was in duralumin.

The landing gear consisted of two wheels with a resilient leg hinged to the top end of a tripod that was kept in a rigid position with respect to the wing and was linked directly to the same at an intermediate point by means of two support strays and jerkily supported the wheel at the other end; two jacks saw to the retraction and the extension of the wheel; a small door covered the wheel, once the landing gear had been retracted.

The tail wheel was entrusted to a fork free to rotate round its axis and linked in this rotation only by a rubber band that pulled it back into the normal position; it was equipped with a shock absorber, which retracted into its fairing in combination with the landing gear.

The empennages were of the caisson type (horizontal, vertical, fixed and movable planes); the fixed planes could be dismantled and were fixed to the fuselage with three bolts in the area corresponding to the combustion chamber (while in the initial project of 1937 they were fixed into position high up on the fixed part of the fin); the movable planes were hinged at two points and were controlled by means of a lever hidden in the fairing; duralumin was the material used.

The exhaust shutter was in the form of a Doble-Pelton pin used in water turbines, controlled by a jack hooked to a pyramid mounted on the reinforced section of the fuselage corresponding to the tail wheel and linked to three struts, hinged in their turn to the fuselage; the production of thrust and vertical inertia was directly discharged onto the fuselage.

Appendice n. 14

FUNZIONAMENTO DEL MOTOREATTORE

All'inizio dello studio degli schemi da adottare per il suo sistema di propulsione, Campini, come evidenziano gli schizzi annessi ai suoi brevetti, adottò quello che prevedeva un motore alternativo seguito da un compressore ed eventualmente da un radiatore (per i motori non raffreddati ad aria). In seguito, come insegna la teoria generale delle turbine a gas, essendo fondamentale che la temperatura ambiente all'ingresso del compressore fosse la più bassa possibile in rapporto a quella dopo il bruciatore, venne adottato uno schema rigenerativo (quindi compressore seguito da motore) con conseguente miglioramento del lavoro di compressione.

Secondo lo schema funzionale adottato dopo diverse alternative (che però conducevano ad un lavoro di compressione piuttosto alto), il motoreattore definitivo fu quindi impostato sulla base di un ciclo rigenerativo che assicurava un notevole gradiente termico tra la temperatura d'ingresso alla presa d'aria e quella dopo i bruciatori. Ciò fu ottenuto disponendo, dopo il motore, due radiatori in funzione appunto di scambiatori di calore o rigeneratori, riducendo così il lavoro di compressione.

Il sistema propulsivo era dunque il seguente: innanzitutto una presa d'aria frontale con ogiva guida centrale, seguita da un cilindro contenente il comando idraulico per la variazione del passo delle palette mobili della soffiante-compressore. In corpo unico con ogiva e cilindro, la soffiante, preceduta da otto alette guida fisse a profilo aerodinamico, era composta da tre rotori del diametro massimo di m 1,250 con 15 palette ciascuno alte cm 27,5 ed intercalati da due statori a palette guida fisse. Con rapporto di compressione 2.2, la soffiante era connessa al generatore di potenza composto da un motore a 12 cilindri a "V" Isotta Fraschini I.F.

Appendix no.14

THE WORKING OF THE MOTORJET

At the beginning of his studies of the schemes to adopt for his propulsion system, Campini, as we can see from the sketches attached to his patents, adopted the one that planned for an alternative engine in front of a compressor and if need be a radiator (for the engines that weren't air cooled). Later, as the general theory on gas turbines teaches us and on it being of prime importance that the ambient temperature at the entrance to the compressor was the lowest possible with regard to that at the exit from the burner, a regenerative scheme (therefore the compressor behind the engine) was adopted. There was a consequential improvement in the compression work.

In accordance with the functional layout adopted after several alternatives had been tried out (which, however, had led to rather a lot of compression work), the definitive motorjet was therefore agreed upon on the basis of a regeneration cycle that made sure of a considerable thermal gradient between the temperature of the air coming in at the air intake and that coming out on leaving the burners. This was obtained by placing two radiators in front of the engine to act naturally as heat exchangers or regenerators, so reducing the compression work.

The propulsive system was therefore the following: first of all there was a frontal air intake with a central guide spinner, and in front of it was a cylinder containing the hydraulic drive for the variation of the pitch of the movable blades of the blower-compressor. The blower, as part of one body with the spinner and cylinder, was placed in front of eight fixed guide vanes with an aerodynamic profile. It was composed of three rotors with a maximum diameter of 1.250 m with 15 blades each one 27.5 cm long and fitted in with two stators with fixed guide blades. The blower, having a compression ratio of 2:2, was connected to the power generator composed of a twelve cylinder "V" type Isotta

Asso L.121 MC 40. Il motore era dotato di compressore supplementare. L'aria compressa e preriscaldata dal radiatore, dalla dispersione termica del motore e dai gas di scarico fluiva, lambendo la cabina stagna di pilotaggio, verso il sistema di surriscaldamento composto da un bruciatore a tre anelli concentrici con spruzzatori di benzina che elevava la temperatura dell'aria a 300° C. Parte dell'aria passava entro una doppia parete in acciaio inox. fungente da parafiamma e parte ancora all'interno dell'asse di supporto della spina mobile Pelton, con funzione di refrigerazione del bulbo stesso. Il resto dell'aria fluiva liberamente allo scarico, parzializzato dalla spina comandata idraulicamente dal pilota e supportata da bracci mobili a profilo aerodinamico. Ciò consentiva di ridurre la sezione di scarico ad una corona di cmq 1097 a fondo corsa della spina (ottenendo la spinta massima). La spinta con getto "freddo" (bruciatori esclusi), usata per le condizioni normali di volo, saliva a 730 kg con getto "caldo".

Per quanto attiene il movimento dell'otturatore di scarico, con il riscaldamento si nota una riduzione della portata che per essere ricondotta al valore iniziale richiede una maggiore apertura dello scarico. E' ovvio che, superato il decollo normalmente eseguito con i bruciatori accesi, vi è convenienza a spostare il punto di funzionamento verso portate minori di quella che dà la massima spinta a punto fisso riducendo di conseguenza l'area di scarico non appena effettuato il decollo, spingendo cioè verso l'esterno la spina Doble-Pelton.

Fraschini I.F. Asso L.121 MC 40 engine. The engine was equipped with an extra compressor. The air, compressed and preheated by the radiator and the thermic dispersion of the engine and the exhaust gases, flowed, coursing through the flight deck of the pressurized cabin, towards the overheating system consisting of a burner with three concentric rings with petrol sprayers that raised the air temperature to 300° C. A part of the air passed into a double stainless steel wall acting as a flash eliminator and a part was still left within the support axis of the movable Pelton pin, with the function of cooling the bulb itself. The rest of the air flowed freely to the exhaust, regulated by the pin and borne by the rams with an aerodynamic profile. It was because of this that the exhaust section was reduced to a crown of 1097 cm^2 running down to the end of the pin (obtaining maximum thrust). When the plane was being flown normally the thrust was provided by the "cold" jet (burners excluded). When more thrust was required this was provided by the "warm" jet. Thrust in this case could rise to 730 kg. However, as regards the movement of the exhaust shutter, with heating a reduction of discharge was noticed and in order to get it back to the initial value the exhaust shutter had to be opened wider. It was obvious that, having taken off normally with the burners on, it was most advantageous to aim to keep the aeroplane flying by discharging less than was the case when it was being given maximum thrust. It was then necessary to keep the discharge constantly at this lower level, so as to reduce the exhaust area as soon as the take off had been carried out. This was reduced by pushing the Doble-Pelton pin towards the outside.

Disegni del fianco, sezione e pianta del progetto C.S. 600 del 15 Agosto 1933.

Tavole XVI e XVII della Relazione finale dell'Ing. Campini del Marzo 1942 e Tavola VIII della Relazione tecnica n. 585 dell'Agosto 1940 della Aeroplani Caproni.

Appendice n. 17

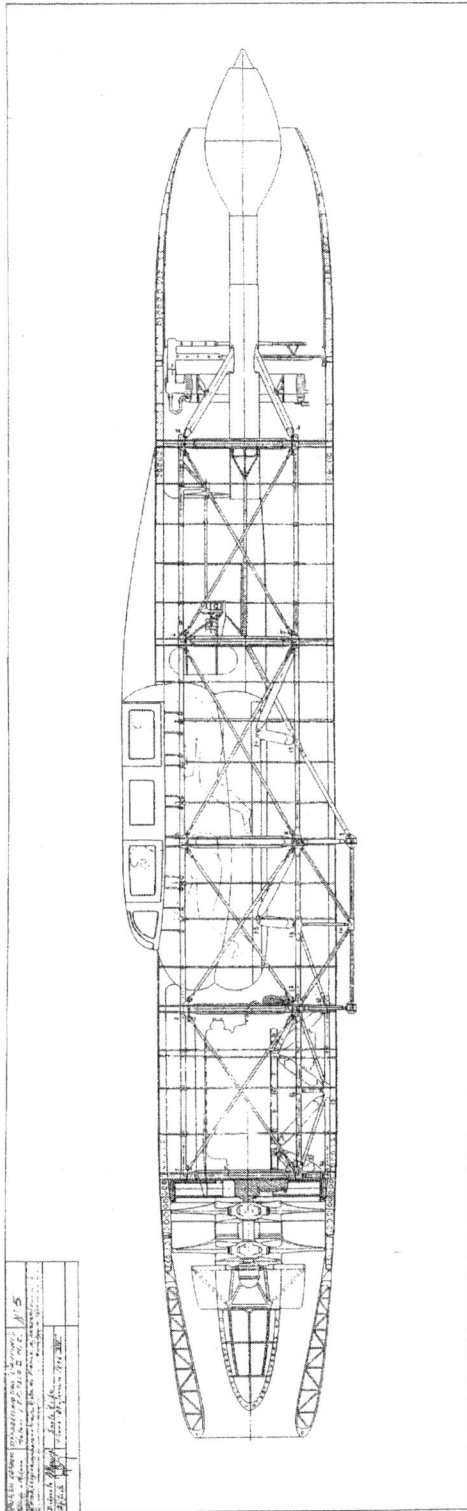

Disegno n. 5 del 27 Gennaio 1936 con sezione della fusoliera di prova.

2/23-V-Di

6/12/1936-XV°

On. Direz. Generale
delle Costruz. Aeronautiche
Ministero per l'Aeronautica
Roma

Onorevole Direzione Generale,

Con riferimento al contratto N° 12 di
Rep. per la fornitura di due aeroplani a reazione e di una fusoliera di
prova, questa Ditta si pregia esporre quanto segue:

a) = La costruzione della fusoliera di prova è ultimata. Attualmente è in corso la installazione dei comandi del motore e dei bruciatori e
le circolazioni di acqua di benzina e di olio. La costruzione dei bruciatori è anch'essa stata ultimata. il tipo adottato è fondato sulla vaporizzazione della benzina prima della combustione ed è già stato sperimentato con successo sul modello in scala 1:3. Sono pure ultimati tutti i
dispositivi accessorii per il collaudo ossia l'apparato per le misure
della spinta a punto fisso e gli apparecchi per le misure delle pressioni, delle portate volumetriche, etc.

Le prove della fusoliera stessa verranno pertanto iniziate tra breve.

b) = Sulla base dei risultati ottenuti dalle prove sul modello in
scala, risultati già resi noti a cotesta On. Direzione Generale e tenuto conto delle polari del velivolo ricavate alla Galleria del vento di
Roma e comunicate a questa Ditta a suo tempo da cotesta On. Direzione
Generale, si sono potuti ricavare gli orari occorrenti al decollo in corrispondenza di varie spinte a punto fisso e di varii carichi utili.

I risultati sono: (allegato 1°)

1° caso spinta iniziale 700 Kg.

Peso totale	Spazio di decollo	Velocità decollo
kg.	metri	Km/ora
2500	290	115
3500	680	138

./.

2° caso spinta iniziale 900 Kg.

Peso totale	Spazio decollo	Velocità decollo
Kg.	metri	Km/ora
2500	190	115
3500	440	138
4500	800	155

c)= In base ai risultati delle prove è stato studiato il comportamento in volo dell'apparato propulsore a reazione con particolare riguardo al consumo di combustibile alle varie velocità e quote di volo con o
senza l'uso dei bruciatori. Da tale studio che essendo fondato sopra prove pratiche consente una grande approssimazione ne è derivato un considerabile miglioramento di alcune caratteristiche di volo degli apparecchi.
Questa Ditta ritiene perciò, in base allo studio sopra citato che mentre
le caratteristiche contrattuali di velocità massima saranno con ogni probabilità raggiunte le caratteristiche di autonomia e quota risulteranno
quasi certamente aumentate.(allegato 2°)

d) = Mentre i risultati sperimentali sono fino ad oggi soddisfacenti i tempi impiegati nelle costruzioni hanno invece notevolmente superato le previsioni, onde questa Ditta si trova attualmente nell'impossibilità di effettuare le consegne entro il termine contrattuale.

e) = I considerevoli ritardi subiti nelle costruzioni derivano esclusivamente da ritardi nella consegna di varii organi commessi a Ditte
specialiste. I ritardi principali furono i seguenti:

I°) = Ritardo da parte dell'Isotta Fraschini nella costruzione del
moltiplicatore di giri per il motore 21 K.

II°) = Ritardo da parte della Società Carraro nella esecuzione dei
mozzi del compressore.

III°) = Ritardo da parte della Società Caproni nella esecuzione delle pale del compressore e nel montaggio della fusoliera di prova.

Tali Ditte hanno tutte giustificato il ritardo con la necessità improrogabile di effettuare le consegne di guerra e di armamento, dando la
precedenza a queste rispetto ad altre costruzioni di carattere sperimentale.

In considerazione di quanto è stato più sopra esposto, tenuto conto
che le imminenti prove sulla fusoliera e la costruzione degli apparecchi
non possono essere accelerate oltre misura senza pregiudizio dell'esito,
tenuto conto ancora che in base al contratto sopracitato non è possibile
iniziare la costruzione degli apparecchi prima del collaudo ufficiale della fusoliera di prova, questa Ditta si trova perciò nella necessità di

./.

dover chiedere alla R. Amministrazione Aeronautica una proroga di sei
mesi del termine contrattuale di consegna.

Questa Ditta rivolge perciò viva istanza a cotesta On. Direzione
Generale, affinché voglia accordarle la proroga suddetta, proroga che
mentre le permetterebbe di adempiere ogni suo impegno contrattuale sia
per la fusoliera che per gli apparecchi, le permetterebbe nel contempo
di condurre tutte le prove con quello spirito di indagine scientifica
che è condizione essenziale per la raccolta di tutti gli elementi sperimentali che possano rendere facile e sicuro il comando di un'organo
propulsore complesso e potente come quello realizzato.

Con la speranza che cotesta On. Direzione Generale voglia favorevolmente accogliere la suddetta istanza, questa Ditta presenta deferenti
ossequi e rispettosamente si sottoscrive.

Allegato 1°) = Studio decollo monoplano Campini.
      a) Funzionamento nel 1°)regime (senza combustione)
      b) Funzionamento nel 2° regime (combustione 250°)
Allegato 2°) = Diagrammi di rendimento e consumi generali.
      a) Rendimento per varie fasi di volo.
      b) Consumo per varie fasi di volo.

N. B./ I diagrammi allegati 2) sono riportati da uno studio scientifico
generale sul comportamento del propulsore a reazione "S. Campini"

Lettera dell'Ing. Campini datata 6 Dicembre 1936 al Ministero dell'Aeronautica.

SEZ. MIN. INT. Ø 840

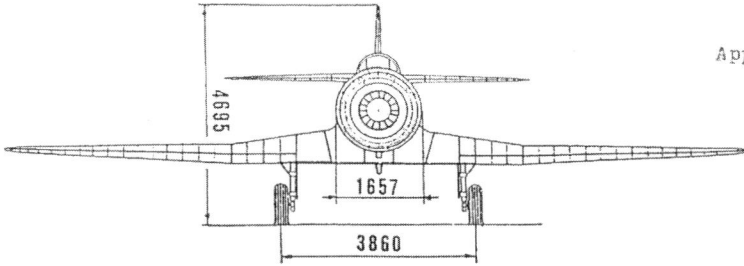

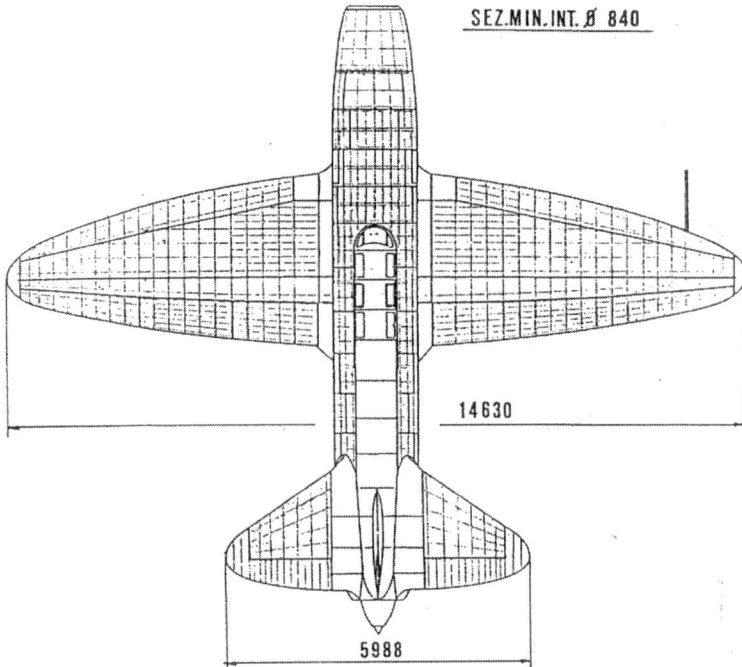

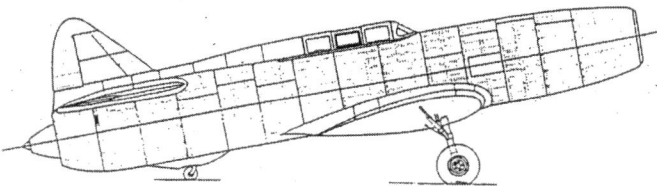

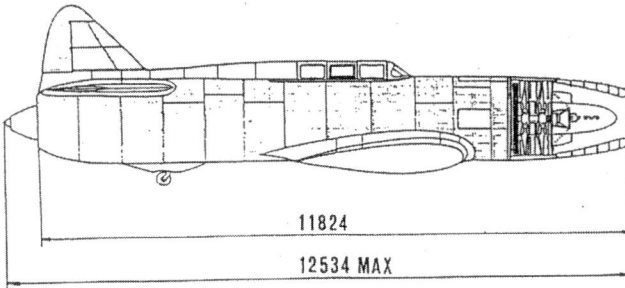

Trittico della fusoliera di prova: così sarebbe apparso l'aereo se le prove effettuate su detta fusoliera si fossero rivelate efficaci. Da notare la presa d'aria più larga ed i piani di coda più piccoli.

DIREZIONE DELLE COSTRUZIONI AERONAUTICHE DI MILANO.

U F F I C I O AEROMOBILI

S E Z I O N E P R O V E S T A T I C H E ED ESPERIENZE.

——— oOo ———

Aeroplano a reazione C A M P I N I 2.

Prove per la verifica della robustezza e prove per la verifica del funzionamento a terra del sistema propulsivo, eseguite prima dei voli dell'aeroplano .

PER LA DITTA " CAPRONI "

(dr. ing. ARTURO GAVIRAGHI)

[firma]

(dr. ing. SECONDO CAMPINI)

[firma]

LA COMMISSIONE DEL GA.

(dr. ing. Sot. ERMANNO BAZZOCCHI)

[firma]

(dr. ing. Cap. UGO MONTANO)

[firma]

(IL CAPO UFFICIO AEROMOBILI)
dr. ing. Tcol. Gari ERCOLE TRIGONA

[firma]

IL DIRETTORE
(Gen. ENRICO dr. ing. BONESSA)

[firma]

Relaz. n° 585

Prima pagina della Relazione tecnica n. 585 dell'Agosto 1940 della Aeroplani Caproni.

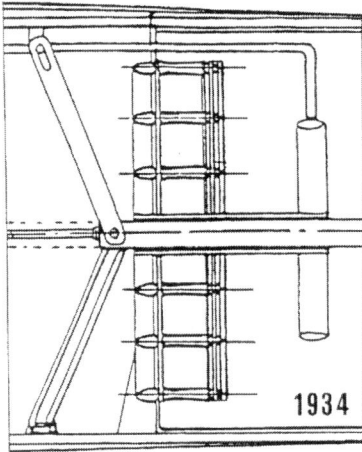

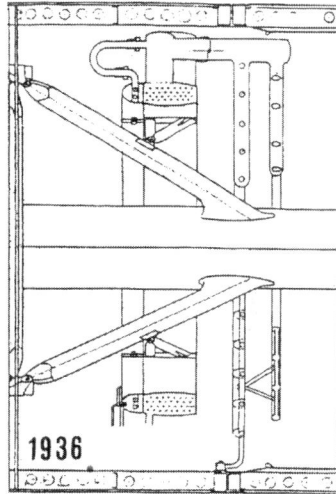

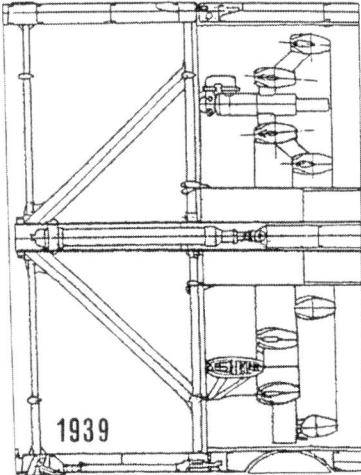

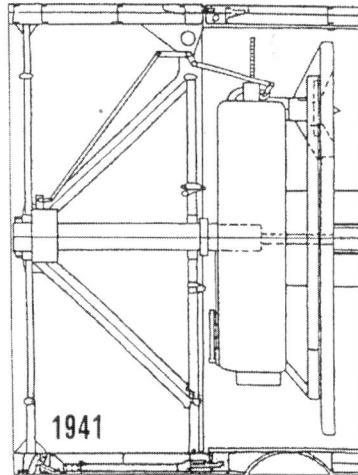

Disegni comparativi sull'evoluzione dei bruciatori dal 1934 al 1941: furono provati diversi tipi di bruciatori, compresi alcuni con nafta polverizzata, ma alla fine si optò per quelli a benzina vaporizzata. Sono qui rappresentati i quattro tipi fondamentali: quello del 1936 fu sperimentato nella fusoliera di prova, mentre il quarto tipo fu quello definitivo usato nel NC 4849 volato a Guidonia.

AEROPLANI CAPRONI. Tollledo – Milano	APPARECCHIO TIPO "CAMPINI" Motori 1 I.F. ASSO XI M.G.	N° 5
Complessivo apparecchio – Vista di fianco e sezioni		
Disegnato *Marini* Scala 1:10		
Verificato Milano – 27 Gennaio 1936 XIV		

da cui il "Progetto 1937" del preventivo 20/4/37.

AEROPLANI CAPRONI	CAMPINI 2 1 IF ASSO XI MC	N. 28
COMPLESSIVO – SEZIONE LONGITUDINALE		
1:10 *Marini* 26-9-39		847387

Aeroplani Caproni

Aeroplano a reazione
«Campini 2»

4/1937   8/1940

Relaz. n° 585

AEROPLANI CAPRONI MILANO	DISEGNATORE	CONTROLLO
AEROMOBILE: CAMPINI 2 CONTRATTI: GRUPPO MOTORI: 1 IF L 121 MC	CAPO UFFICIO VISTO	
Riferimento disegno d'insieme N. Sostituisce il N.		
Insieme – Vista di fianco		
RIPRODUZIONE N 364770	SCALA 1:15	INDICE DI MODIFICA
	DATA DEL DISEGNO 1° Maggio 1941	N. 40

Testate di disegni di Campini e di una relazione della Caproni con la denominazione "Campini 2".

DOTT. ING. SECONDO CAMPINI
VELIVOLI E NATANTI A REAZIONE
= MILANO =

COPIA PER CONOSCENZA

2/197/VI/cf

12 agosto 1940/XVIII

Om. MINISTERO DELL'AERONAUTICA
Direzione Generale delle Costru-
zioni e degli Approvvigionamenti
R O M A

1 RESENTAZIONE AL COLLAUDO
2 AFFARECCHI SPERIMENTALI
CON PROPULSIONE A REAZIO-
NE SISTEMA 'CAMPINI' ++

e per conoscenza:

Om. DIREZIONE COSTRUZIONI AERONAUTICHE
M I L A N O

Spett. UFFICIO DI SORV. TECNICA DITTA CAMPINI
T A L I E D O

In relazione al contratto n! 12 di Rep. e successivi atti aggiuntivi per la fornitura di due aeroplani in oggetto
ed una fusoliera di prova, contratto che prevede l'esecuzione per
gli aeroplani stessi di determinati collaudi cosistenti in prove
statiche (Art.5) e prove di volo (Art.6), lo scrivente rende noto
quanto segue:

1° - Entrambi gli apparecchi sono già stati presentati ai collaudi statici in data 26 luglio u.s. ed anzi questi sono
in data odierna pressochè ultimati. Sonto state felicemente eseguite le prove di portanza massima, di portanza nulla, le prove dei comandi, le prove elastiche sugli impennaggi e ipersostentatori e le prove funzionali sopra quen-
ati ultimi - Coefficiente di prova elastica 7 - Coefficiente di robustezza 14 ".

2° - Uno dei due apparecchi è stato montato per la esecuzione
delle principali prove statiche di cui sopra. L'altro so-
rra il quale sono state effettuate le prove statiche dei
comandi, ipersostentatori e superfici di coda, ha già effettuato felicemente le prove del motore e le prove di rullaggio sul Campo 'Forlanini' fra qualche giorno questo
apparecchio inizierà le prove di volo ai officina.

Poichè il contratto sopramedato prevede la corre-
sponsione alla Ditta scrivente del sesto e settimo acconto alla
presentazione al collaudo d1 prima di qualsiasi prova statica e di

./...

volo (Art.15), con la scrivente prega codesta Om. Direzione
Generale di voler fare il proprio benestare per il pagamento
dei due acconti sopradetti.

Per l'Om. Direzione Generale la scrivente allega due
fotografie dell'apparecchio che ha già effettuate le prove
di rullaggio e sperando di poterlo ben presto presentare alle prove ufficiali di volo, con perfetta osservanza mi segna.

DOTT. ING. SECONDO CAMPINI
VELIVOLI E NATANTI A REAZIONE
= MILANO =

Lettera dell'Ing. Campini datata 12 Agosto 1940 al Ministero dell'Aeronautica.

AEROPLANI CAPRONI
CENTRO SPERIMENTALE CAMPINI

- R E L A Z I O N E -

SUL MOTO – PROPULSORE AERONAUTICO A REAZIONE

" C A M P I N I "

Centro Sperimentale Campini

LA DIREZIONE :

Marzo 1942

Prima pagina della Relazione finale di Campini del Marzo 1942.

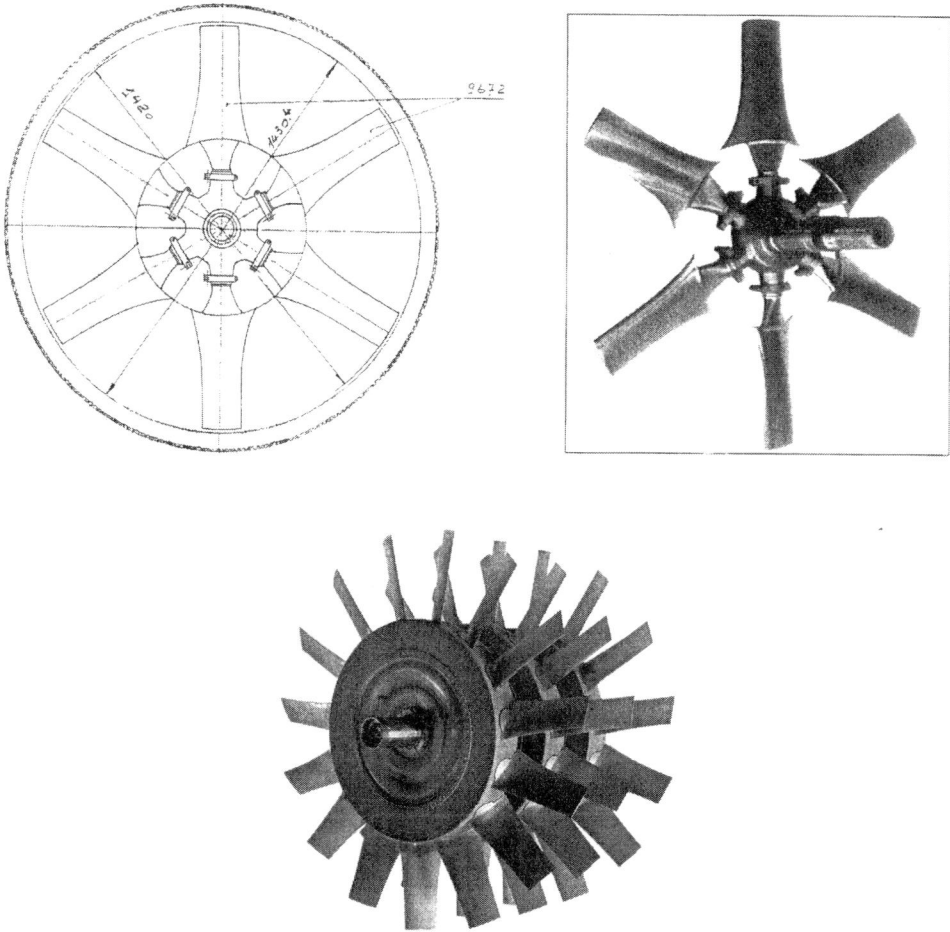

Disegno di Campini e foto delle palette del compressore della fusoliera di prova (in alto) e foto delle palette del compressore del Campini 2 (in basso).

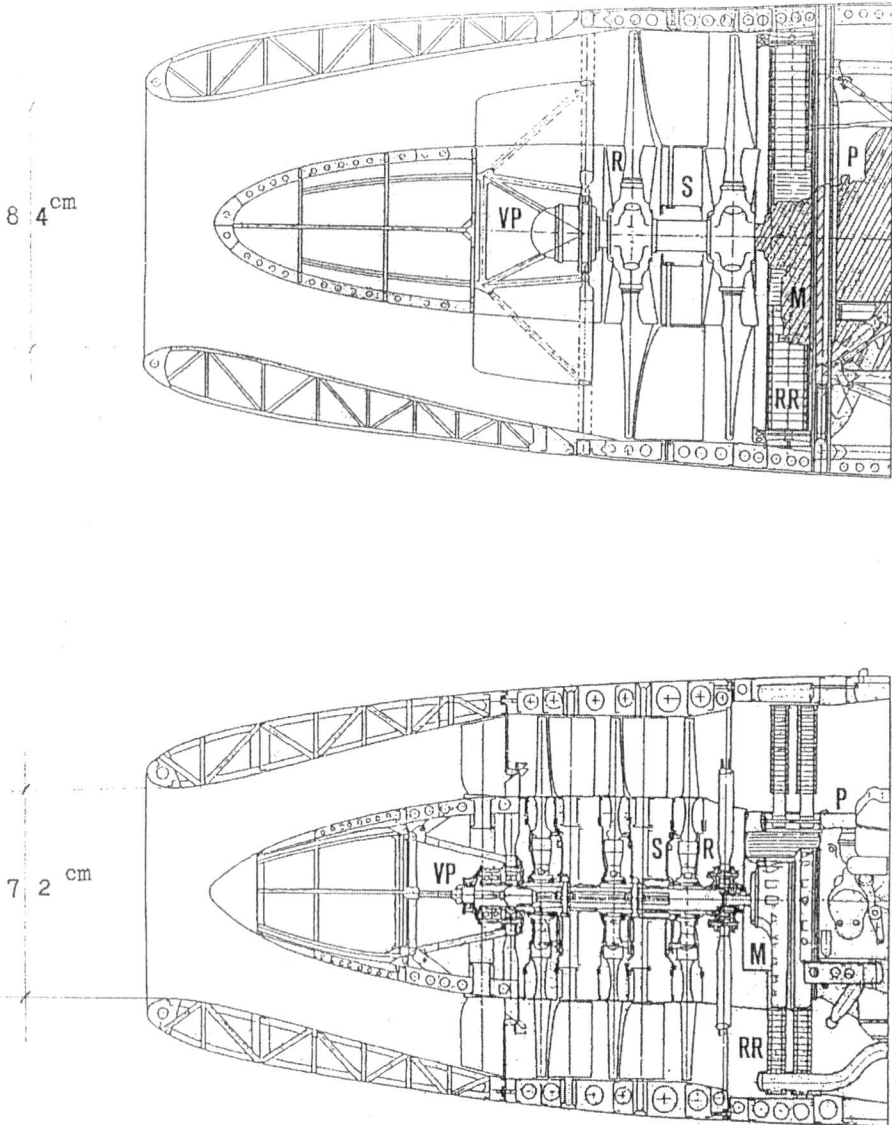

Disegni comparativi delle sezioni delle prese d'aria e compressori del progetto 1937 (fusoliera di prova – disegno in alto) e del progetto 1938/49 (soluzione definitiva – disegno in basso).
Legenda: VP = gruppo variatore del passo delle palette; R = rotore; S = statore; M = moltiplicatore di giri; RR = radiatori (unico nella fusoliera di prova, doppio nei prototipi definitivi); P = motore. Mentre nella fusoliera di prova il compressore era a due stadi con sei pale ciascuno, nella soluzione definitiva il compressore era a tre stadi con 15 palette ciascuno.

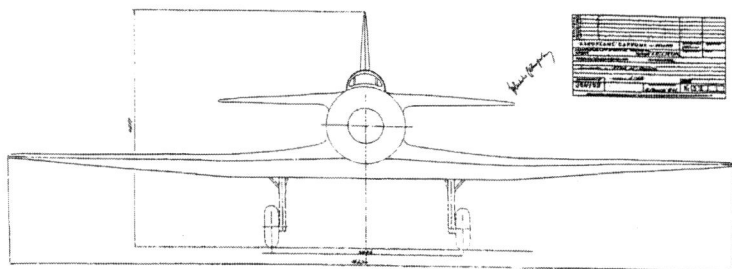

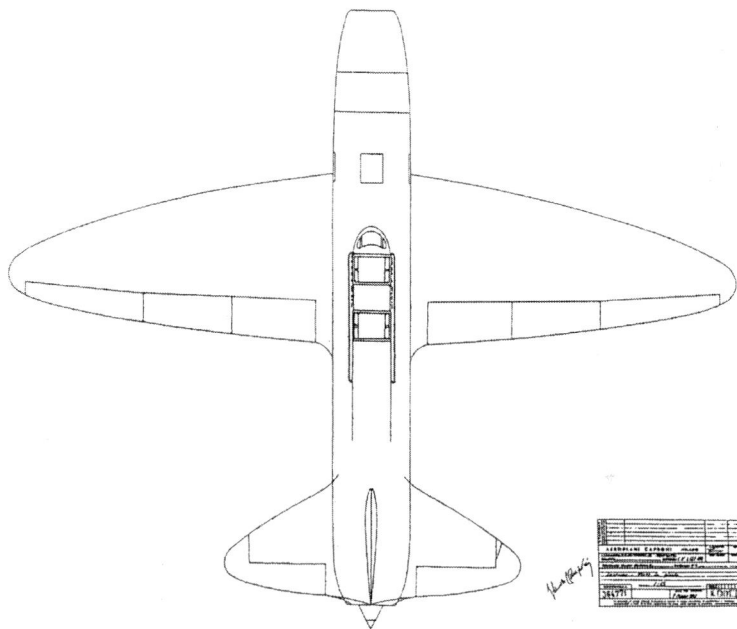

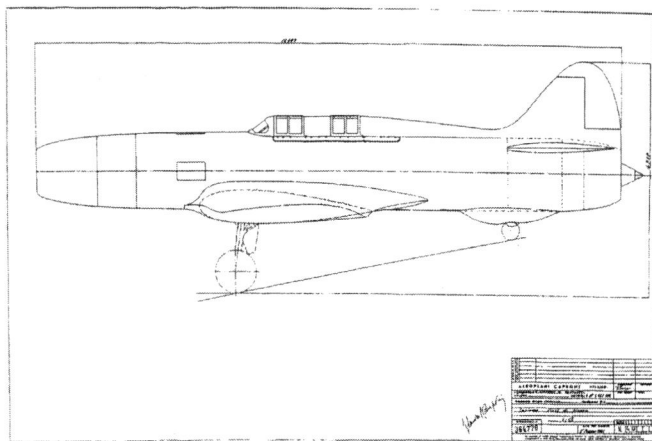

Trittico originale dell'aereo composto con le viste frontale, verticale e laterale riportate dai disegni nn. 37, 39 e 40 del 1°, 2 e 7 Maggio 1941 siglati Secondo Campini.

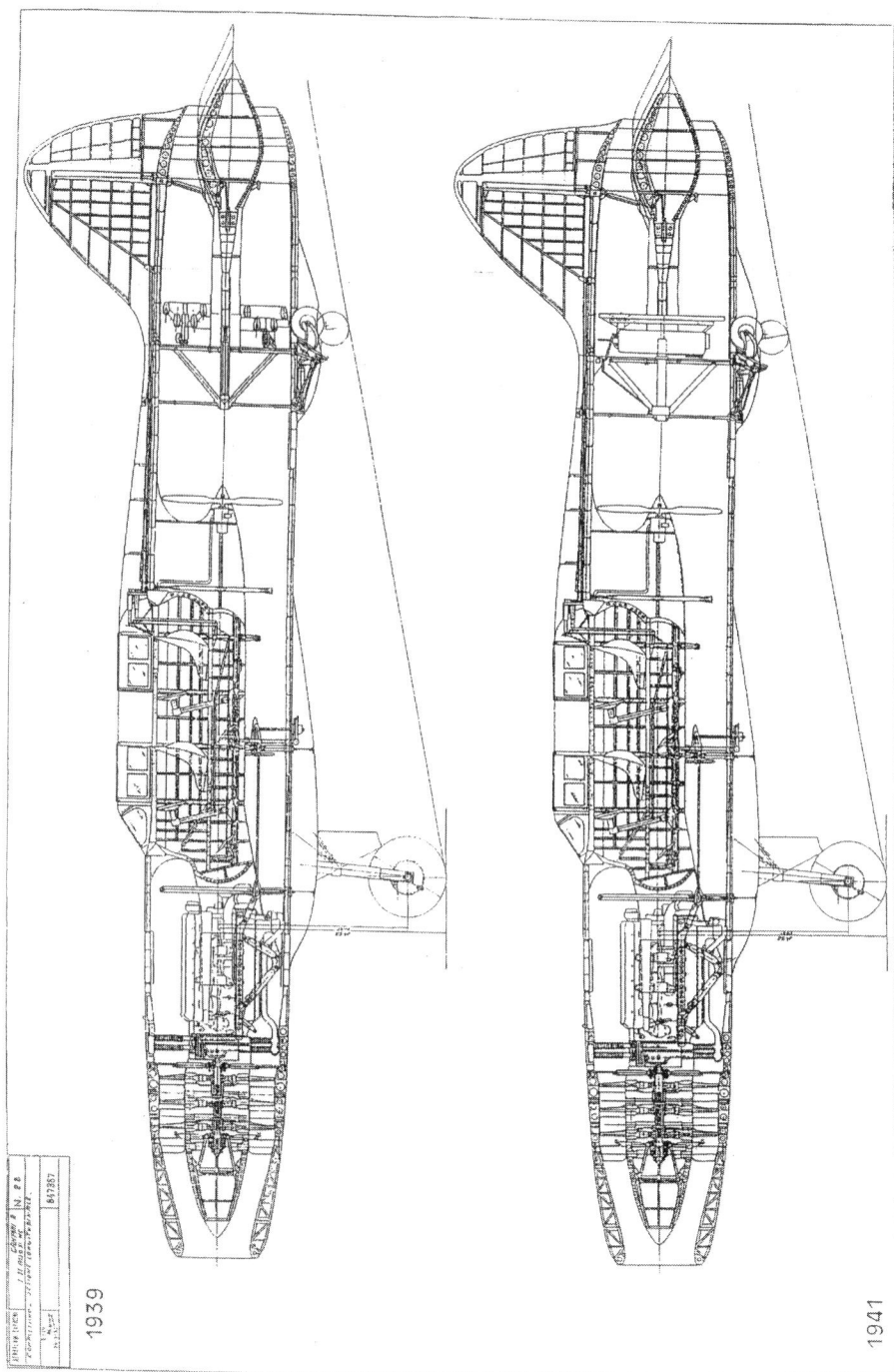

1939

1941

Disegni comparativi delle sezioni della fusoliera nel 1939 (disegno originale n. 28 del 26/9/39) e nel 1941 (ricostruzione da disegno originale): da notare la diversità dei bruciatori che nel 1939 non erano ancora a vaporizzazione con vaporizzatore toroidale come nella versione definitiva del 1941.

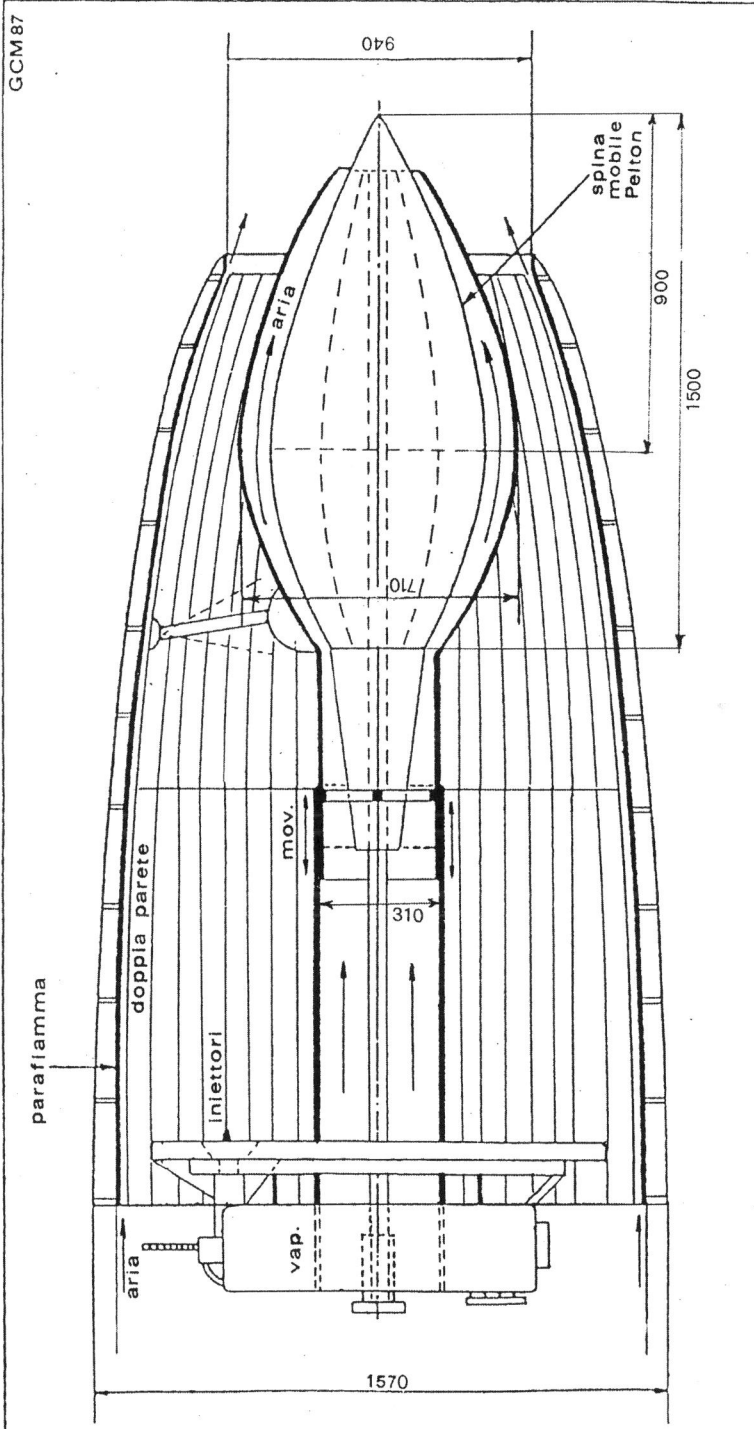

GCM87

940

spina mobile Pelton

900

1500

710

mov.

310

parafiamma

doppia parete

iniettori

aria

vap.

1570

Spaccato della sezione di scarico.

Appendice n. 30

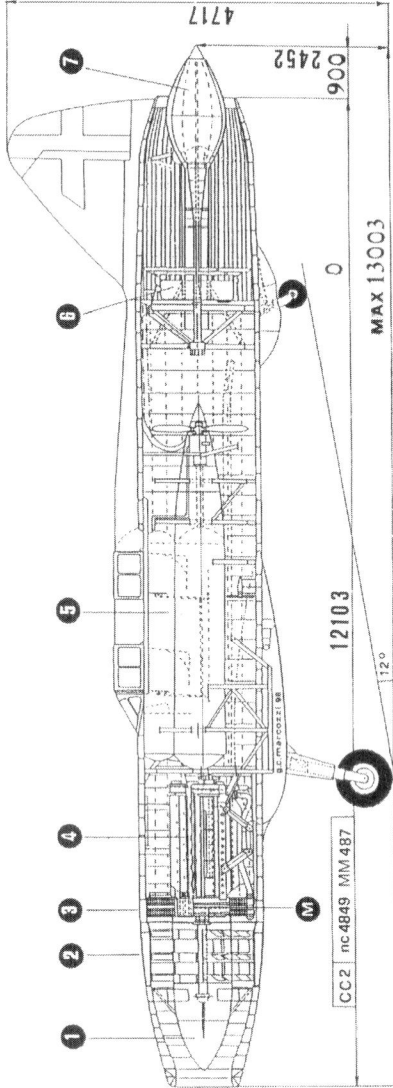

CAMPINI 2

1 PRESA D'ARIA
2 COMPRESSORE
3 RADIATORE
4 MOTORE IF 121 ASSO MC 40
5 CABINA STAGNA
6 VAPORIZZATORE - BRUCIATORE
7 SPINA MOBILE TIPO PELTON
M MOLTIPLICATORE GIRI

MAX 13003

4717

2452

900

12103

12°

CC 2   nc 4849   MM 487

"PROGETTO 1937" cabina con tre finestrini
come risulta da disegno originale del 1936

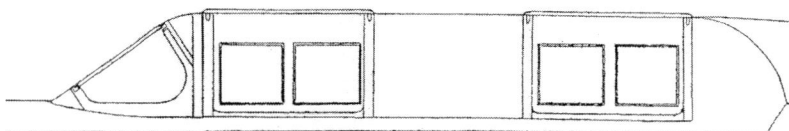

"PROGETTO 38/40" - Cabina come risulta dal disegno
del 1939 con lunotto anteriore diverso da quello
finale del 1940 (decollo del no.4850)

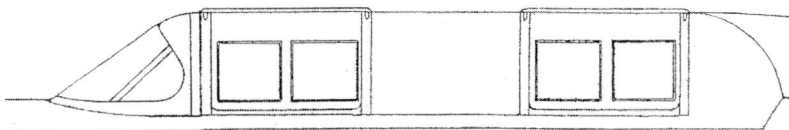

"PROGETTO 38/40" - versione definitiva

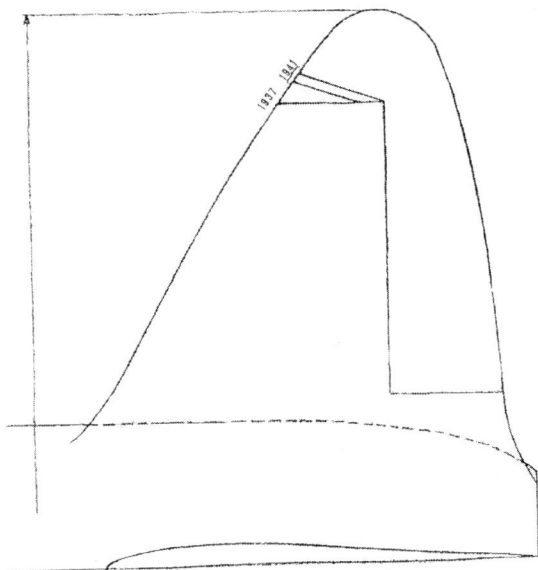

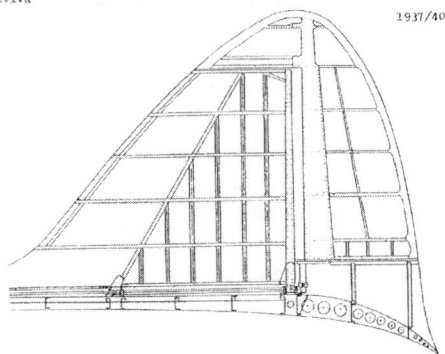

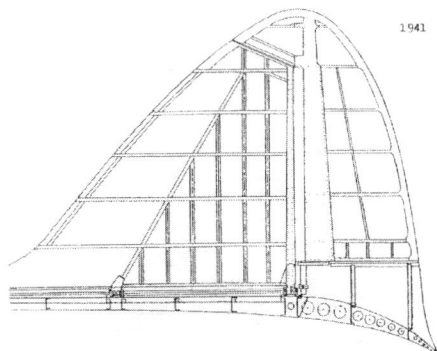

Disegni comparativi dell'evoluzione della cabina piloti (in alto) e dei piani orizzontali (in basso a sinistra) e verticali di coda (in basso a destra) dal 1937 al 1941.

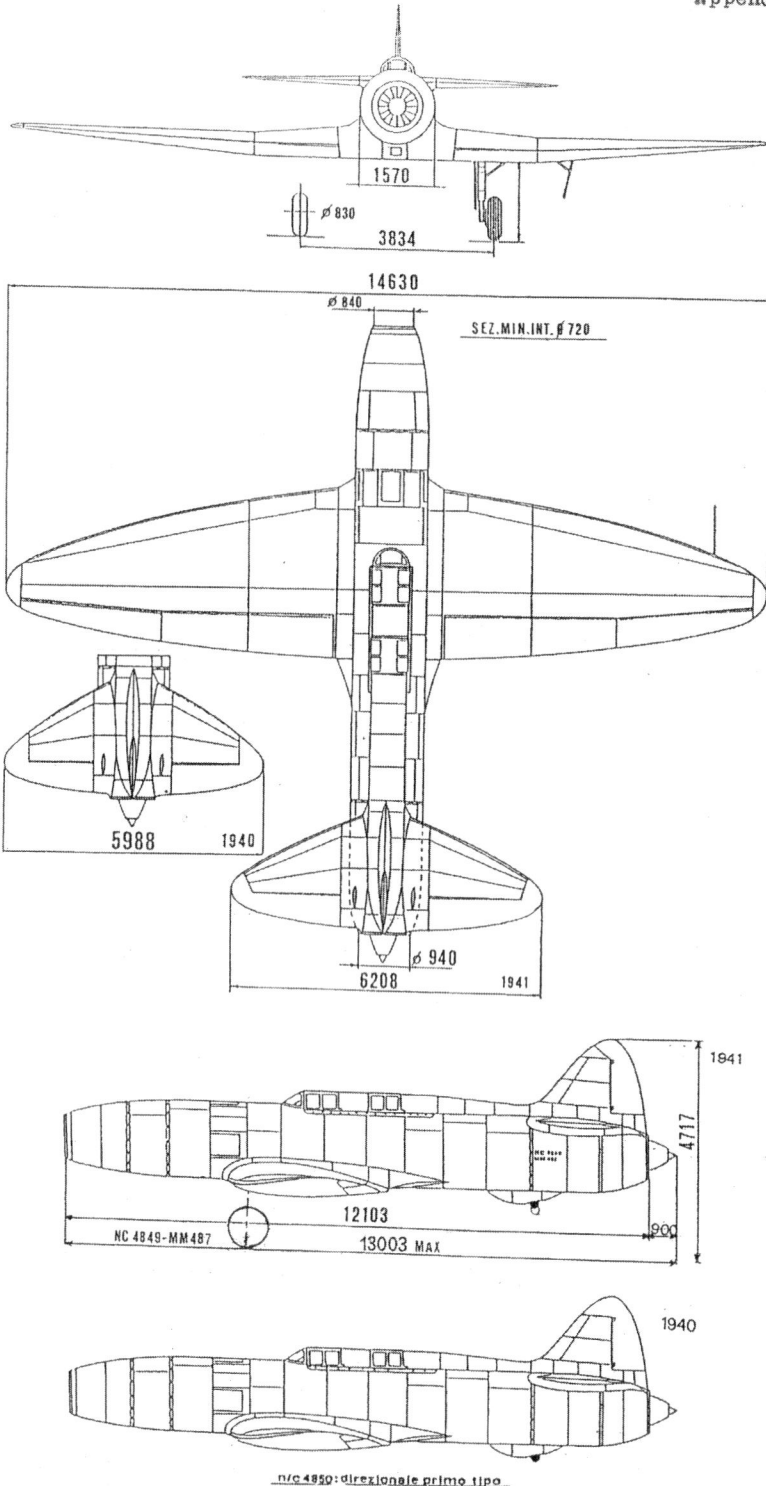

Trittico ricostruito del Campini 2 per indicare le modifiche intervenute tra il 1940 ed il 1941 sui becchi di compensazione e sull'apertura dei piani di coda (da 5988 a 6208 mm).

Stato Maggiore dell'Aeronautica

5° Reparto

Prot. N°   SMA/552/NC   **4186**

Allegati   1

Roma, 1 GIU. 1990   19

OGGETTO: Richiesta informazione.

In merito a quanto richiesto con lettera del 10 Aprile u.s., si comunica che l'Archivio Storico non possiede alcuna documentazione relativa ai velivoli Campini Caproni (M.M. 487 - 488), fatta eccezione per il foglio che si allega in fotocopia.

d'ordine
IL CAPO DEL 5° UFFICIO
(Col. AArn(r) Giovanni DE LORENZO)

Campini a reazione 487	Caproni Taliedo	MC. 205 N 499	
488		500	
G.6 ala piana 489	Caproni Vizzola	Cd. 123 501	
S.M. 84 V bomb. a tuffo 490	S.I.A.I. a Guidonia	Ca. 134 502	23.8.42
		Ca. 166 503	

Elenco ufficiale dello Stato Maggiore dell'Aeronautica con le matricole militari assegnate ai due prototipi del Campini 2.

VERBALE DI COLLAUDO AEROPLANO A REAZIONE "CAMPINI"

(Contratto n°12 di Rep.)

Il giorno 16 settembre 1940 XVIII - si é riunita presso il Campo di Limate la sottonotata commissione:

Colonnello G.A.R.I. BONESSA Enrico -presidente

T. Col.   G.A.R.I. TRIGONA Ercole -membro

Magg.   G.A.R.I. STEFANUTTI Sergio- "

nominati dalla Direzione Generale delle Costruzioni con foglio n° 2/05130 in data 13/9/1940 per la esecuzione delle prove di primo collaudo dell'aeroplano a reazione "Campini".

Erano presenti per la Ditta l'Ing.Secondo CAMPINI ed il pilota collaudatore Comm. De-Bernardi.

Il velivolo presentato al collaudo é il primo dei due commessi dal Ministero dell'Aeronautica con il contratto n°12 di repertorio.

E' stato presentato con 1 bruciatori montati in quanto per le prime prove di volo era stata riconosciuta l'opportunità d'impiegare solo il comprensore.

La Commissione ha effettuato il controllo presso lo stabilimento di costruzione per accertare - come ha accertato - l'effettivo approntamento del bruciatori relativi al velivolo presentato al col-

laudo.

Con questo accertamento la Commissione ritiene di poter considerare l'aeroplano "Campini" - primo esemplare - regolarmente presentato al collaudo nelle condizioni richieste dal contratto.

Alle presenza della predetta Commissione il pilota collaudatore Comm. De-Bernardi ha effettuato con detto velivolo il volo previsto per il primo collaudo.

L'aeroplano ha decollato nello spazio di m.840 ed ha compiuto un volo della durata di 3', dopo di che ha atterrato in spazio inferiore ai m. 700, previsti dal contratto.

La partenza, il volo, e l'atterraggio si sono svolti regolarmente.

LA COMMISSIONE

Magg.Gari STEFANUTTI Sergio- T.C.Gari TRIGONA Ercole

Col.Gari BONESSA Enrico.

Verbale di collaudo del 16/9/40 relativo al prototipo NC 4850.

DIREZIONE DELLE COSTRUZIONI AERONAUTICHE - MILANO -

VERBALE DI COLLAUDO AEROPLANO A REAZIONE "CAMPINI"

(Contratto n° 12 di Rep.)

Il giorno 31 Agosto 1941 XIX - si è riunita presso il Campo di Monte la sottonotata Commissione:

Generale Colonnello G.A.R.R. BORSINA Enrico -presidente

T. Col. C.A.R.I. TRIGONA Ercole -membro

rag. G.A. DE CRISTOFARO Ing.Ippolito -membro

nominati dalla Direzione Generale delle Costruzioni con foglio n° ...... in data ...... per la esecuzione delle prove di primo collaudo dell'aeroplano a reazione "Campini".

Erano presenti per la Ditta l'Ing.Secondo CAMPINI ed il pilota collaudatore Comm. De Bernardi.

Il velivolo presentato al collaudo è il secondo dei due commessi del Ministero dell'Aeronautica con il contratto n° 12 di Repertorio.

E' stato presentato con i bruciatori montati ed efficienti.

La Commissione ritiene di poter considerare
- l'aeroplano "Campini" - secondo esemplare - regolarmente presentato al collaudo nelle condizioni richieste dal Contratto.

Alla presenza della predetta Commissione il pilota collaudatore Com.te De Bernardi ha effettuato con detto velivolo il volo previsto per il primo collaudo.

Il peso dell'apparecchio, nelle condizioni in cui ha eseguito detto volo, risultò come segue :

Peso a vuoto con 27 kg.olio	kg. 3.533
Acqua	" 75,—
Benzina 240 litri	" 170,—
Pilota	" 80,—
Peso totale	kg.3.858,—

L'aeroplano ha decollato con i bruciatori accesi nello spazio di m.630 e dopo aver compiuto un volo della durata di 7', ha atterrato in uno spazio di circa 650 metri ossia entro i limiti previsti dal contratto.

La partenza, il volo, e l'atterraggio si sono svolti regolarmente.

LA COMMISSIONE

Rag. DE CRISTOFARO Ing.Ippolito - T.C.Cari TRIGONA Ercole

Gen. Cari BORSINA Enrico

LA DITTA DOTT.ING. S. CAMPINI
V.E.N.A.R.
COSTRUZ. AERON. E NAV.

Verbale di collaudo del 31/8/41 relativo al prototipo NC 4849.

CARATTERISTICHE DELL'APPARECCHIO IN
COMBATTIMENTO A PIENO...

(Soluzione modificata rispetto al progetto 1942)
Apparecchio con 2 motori REL 103 RC 50 I

Apertura alare	m	22,500
Corda media alare	m	2,970
Superficie alare	mq	66,000
Lunghezza apparecchio	m	16,470
Altezza apparecchio	m	4,550
Peso a vuoto	kg	6800

Carico utile :

(1)	Equipaggio (3persone)	kg	255
	6 mitragliatrici cal.		
	bro 12,7 con 2400 colpi	"	415
	Bombe	"	1500
	MF e varie	"	160
	Radio	"	100
	Benzina	"	1500
	Olio	"	120
		kg	4050
Peso totale	"	10850	
Carico superficiale	kg/mq	164,2	
Potenza motori a 6000 m	CV	3100	
Potenza superficiale a 6000 m	CV/mq	47	
Potenza superficiale a 10000 m (2)	CV/mq	42	

	senza bru-ciatori	con bru-ciatori
Velocità massima a quota 0 m.	420 km/h	510 km/h
Velocità massima a quota 6000 m	525 "	650 "
Velocità massima a quota 10000 m	600 "	770 "
Tempo di salita a 1000 m	2' 10"	
" " " 6000 m	12' 30"	
" " " 10000 m	29"	
Spazio di decollo	750 m	
Spazio di atterraggio	750 m	

Autonomia con sovraccarico di 500 kg di benzina o a 7/10 di potenza con la velocità di 450 km/ora a 6000 m   1800 km

Coefficiente di robustezza   14

Nota - L'apparecchio è concepito in modo da poter ricevere in luogo dei due motori RE 2 turbi-ne a gas Campini senza modifiche alle strutture.

Milano, 30 Marzo 1943-XXI

DOTT.ING. S.CAMPINI
V.E.N.A.R.
CONTRUZ. AERON. NAV.

(1) Questo armamento è semplicemente indicativo e può essere modificato in rapporto alle esigenze particolari di impiego.

(2) L'apparecchio è dotato di 2 compressori ausiliari per il ristabilimento della potenza dei motori da 6000 m fino a 10000 m.

Scheda tecnica di progetto di aereo con 2 motori RE 103 del 30/3/43.

— 3 —

CARATTERISTICHE DELL'APPARECCHIO DA
CO BATTIMENTO A REAZIONE

(Soluzione modificata rispetto al progetto 1942)

Apparecchio con 2 turbine a gas Campini

Apertura alare	m	22,200
Corda media alare	m	2,970
Superficie alare	mq	66,000
Lunghezza apparecchio	m	16,470
Altezza apparecchio	m	4,550

Peso a vuoto   kg 7000

Carico utile :

Equipaggio (3 persone) kg 255
(1) 6 mitragliatrici calibro 12,7 con 2400 colpi " 415
Bombe " 3000
RF e varie " 160
Radio " 100
Benzina " 3000
Olio " 220

	kg	
Peso totale		7150
		14150

Carico superficiale	kg/mq	214,5
Potenza turbine a 6000 m	CV	7000
Potenza superficiale a 6000 m	CV/mq	106
Potenza superficiale a 10000 m	CV/mq	106

(1) Questo armamento è semplicemente indicativo e può essere modificato in rapporto alle esigenze particolari di impiego.

— 4 —

	senza bruciatori	con bruciatori
Velocità massima a quota zero	610 km/h	740 km/h
Velocità massima a quota 6000 m	750 "	900 "
Velocità massima a quota 10000 m	850 "	1000 "

Tempi di salita :

a 1000 m   1' 40"
a 6000 m   9' 30"
a 10000 m   17'

Spazio di decollo   m 750

Autonomia con sovraccarico di 600 kg di benzina, a piena potenza e velocità massima di 750 km/h a 6000 m   km 1000

a 5/10 di potenza e velocità di 540 km/h a 6000 m   km 3000

a 3/10 di potenza a velocità di 450 km/h a 6000 m   km 3600

Coefficiente di robustezza   11

Queste caratteristiche si intendono impegnative qualora la turbina in costruzione risponda ai requisiti contrattuali.

Nota - L'apparecchio è la versione con turbine dell'apparecchio precedente con motori RR, senza modifiche alle strutture.

DOTT. ING. S. CAMPINI
V.E.N.A.R.
...AERONAUTICA... NAV.

Milano, 30 marzo 1943-XXI

Scheda tecnica di progetto di aereo con 2 turbine Campini del 30/3/43.

Appendice n. 38

BIBLIOGRAFIA GENERALE

Campini Secondo	"Caratteristiche e possibilità della propulsione a reazione (motori a getto continuo) - Sul rendimento di un motore in moto di traslazione. Spinta e resistenza nella propulsione a reazione" - rivista "L'areonautica" nn. VIII, IX, X, 1930 (parte prima) e nn. XI, XII, 1930 (parte seconda).
Campini Secondo	"Sulla teoria analitica del moto-propulsore Campini" - rivista "L'Aerotecnica", Vol. XVIII, n. 1, Gennaio 1938 (parte terza dello studio di cui sopra) e relativa traduzione in inglese a cura della NACA - Technical Memorandum no. 1010 "Analytical Theory of the Campini Propulsion System" by S. Campini.
Aeroplani Caproni	"Aeroplano a reazione Campini 2 - Relazione Tecnica n. 585 - Prove per la verifica del funzionamento a terra del sistema propulsivo (27-29/4/1937) e prove per la verifica della robustezza (27/7 - 22/8/1940)" - Direzione Costruzioni Aeronautiche - Milano (Ufficio Aeromobili - Sezione Prove Statiche ed Esperienze) - A. Gaviraghi, S. Campini, E. Bazzocchi, U. Montano, E. Trigona, E. Bonessa.
Campini Secondo	Lettera - relazione tecnica del 22/5/38 alla Direzione Costruzioni Aeronautiche - Reparto Aeromobili - Milano.
Campini Secondo	Lettera - relazione tecnica del 12/9/38 alla stessa Direzione.
--------	"Giroplano a reazione C.S.6" - Direzione Superiore Studi ed Esperienze (DSSE) - Ministero Aeronautica - Roma - 1940.
Campini Secondo	Lettera - relazione tecnica senza data (fine 1940/inizio 1941) al Ministero Aeronautica - Roma.
--------	"Caproni-Campini aeroplano sperimentale" (2 fotografie) - rivista"L'Ala d'Italia" n. 22 - Anno XXII - 16-30/11/41 - pag. 20.
--------	"Un nuovo primato dell'Aviazione Italiana" - rivista "L'Ala d'Italia" n. 23 - Anno XXII - 1-15/12/41 - pag. 8.
--------	"L'aeroplano Campini-Caproni" - rivista "L'Ala d'Italia" n. 24 - Anno XXII - 16-31/12/41 - pagg. 41-44.
Stemmer Josef	"Lo sviluppo del motore a reazione ed a razzo" - rivista "Flugwehr und Technik" - nn. 7 e 8 - 1941, tradotto in italiano su "La Rivista Aeronautica" - Dicembre 1941 - e sulla rivista"L'Ala d'Italia" n. 11 - 1-15/6/42 col titolo "L'evoluzione del motore a reazione".
Campini Secondo	"Relazione sul moto-propulsore aeronautico a reazione Campini" (relazione tecnica finale) - Centro Sperimentale Campini - Marzo 1942.
Panetti Modesto (Prof.)	"L'aeroplano a reazione" - rivista "Sapere" - Anno XX - n. 177/178 - 31/5/42 - pagg. 199-201.
Aeroplani Caproni	"Accertamento sull'aumento richiesto dalla Ditta Campini sul Contratto n. 12 Rep." a cura di Arturo Pomarici (Gari) - Direzione Costruzioni Aeronautiche - Milano - Settembre 1942
Campini Secondo	Relazione tecnica del 21/10/42 al Ministero Aeronautica - Roma.
Aeroplani Caproni	"Relazione sul Velivolo Caproni-Campini MM 487 N° 4849" (prove a Guidonia) - Ufficio Voli e Collaudi - Caproni - Roma - 27/11/42.
Smith G. Geoffrey	"Gas Turbines and Jet Propulsion for Aircraft" - 1942 e traduzione italiana: "Turbine a gas e propulsione a reazione" - Sansoni - Firenze - 1951.
Campini Secondo	Bozza di accordo con la Società Okura (Giappone) - 4/6/44.
Pickles F.E. (S/Ldr.)	"Caproni-Campini Aircraft and Allied Developments in Italy" - Combined Intelligence Objectives Sub-Committee, G-2 Division, SHAEF (Rear) APO 413/CIOS Item 5 Jet Propulsion, File No. XII-24 - 30/6/44 con dichiarazioni del Col. Torre e traduzione del Rapporto n. 72 della Regia Aeronautica Centro Sperimentale, Sezione Guidonia (ottobre 1942).

Ricci E.	"Il segreto della propulsione a reazione" - Hoepli - Milano - 1945
Hill R.G. (B.Sc.-Eng.)	"Foreign Aircraft Caproni-Campini Structural Features" - Technical Note No. EA 234/1 - Royal Aircraft Establishment - Farnborough Hants - Febbraio 1946.
Grievson J.	"Jet Flight" - 1946.
Roy Maurice (Prof.)	"Termodinamica dei sistemi propulsivi a reazione e della turbina a gas" - Ediz. Dunod - Parigi - 1947.
Zucrow M.J.	"Principles of Jet Propulsion and Gas Turbines" - corsi di ingegneria del 1943-44 - 1948.
Campini Secondo	"Prospettive dell'aviazione futura" - rivista "L'Ala" - Anno IV - nn. 2-3-4 - 15/1-1 e 15/2/48 - pagg. 10-15 e 24 e 52.
Guidotti Alfredo"	"C.C.2 Caproni Campini - Primato Italiano"- rivista "Ali" - Anno II - n. 3 - 25/1/52.
Porta Ernesto	"Primi aerei italiani a reazione e il turboreattore" - rivista "L'Aquilone" - 24/8/52.
Zilari Ippolito (Zilipp)	"1940: il primo aereo a getto italiano vola" - rivista "Ali nuove" 16/6/56 (data primo volo errata) - pag. 207-8.
De Marchi Italo	"I progetti di Campini" - rivista "Ali nuove" n. 22 - Vol. XI - 16/11/59 - pag. 359.
Ludovico Domenico	"Rievocazione del volo Milano-Roma compiuto dall'aeroplano a reazione Campini-Caproni il 30 /11/41" - Stato Maggiore Aeronautica - Roma 1969.
Silvestri Armando	"C.C. 2 Una realizzazione italiana da ricordare e difendere" - rivista "Ali nuove" nn. 23-24 - Anno XXI - Dicembre 1969 - pagg. 115-118 e 142.
De Marchi Italo	"Il primo jet italiano" - rivista "Aviazione e Marina" n. 97 Febbraio 1973 - pagg. 86-88.
-------	"Campini-Caproni" - scatola di montaggio Delta in scala 1/72 con opuscolo illustrativo - vol. 3° - 1973 (data 1° volo errata).
Kohn Leo J.	"The dawn of the jet age" - rivista "Armchair Aviator" vol. 2 - n. 6 - Luglio 1973 - pagg. 32-34.
Campini Secondo	Note autobiografiche - dal libro "Scienziati e Tecnologi - Contemporanei - Vol. I - A. Mondadori Editore - 1974 - pagg. 213-215.
Bettiolo Roberto	"Gli aerei Caproni-Campini" - rivista "Aerei" n. 9 - Anno II - Settembre 1974 - pagg. 24-27.
De Marchi Italo	"I bireattori di Campini - sogno o realtà?" - rivista "Aerei" n. 12 - Dicembre 1976 - pagg. 35-43.
Gabrielli Giuseppe	"Denominazioni e rendimento propulsivo ideale dei motopropulsori aeronautici" - 1976.
Calcidese Mauro	"I progetti Campini" - rivista "Aerei" n. 1 - Gennaio 1978 - pag. 32.
Garello Giancarlo	"Progetti Campini per un bombardiere d'alta quota" - rivista "Aerofan" n. 2/78 - Anno I - Aprile-Giugno 1978 - pagg. 80-82.
--------	Campini, Secondo - note biografiche - dal libro "Enciclopedia Della Scienza e della Tecnica (E.S.T.) - Dizionario degli Scienziati e dei Tecnologi" - Vol. 13 - Mondadori Editore - Giugno 1980.
Marcozzi Giancarlo	"Campini-Caproni CC.1/2" - rivista "Control Column" n. 7 - Vol. 14 - Ottobre 1980 - pagg. 160-161.
Campini Vittoria	"Il primo aereo a reazione" - rivista "Qui Touring" - 1-8/7/81 - pag. 23.
Apostolo Giorgio	"Quarant'anni fa il 'motoreattore' Campini da Milano a Roma" - Rivista "Aerofan" - Anno IV - n. 3/1981 - Luglio-Settembre 1981 - pagg. 25-27.
Campini Vittoria	"Negli archivi della Difesa la verità sul primo jet" - rivista "L'Ingegnere Italiano" n. 124/1981 - Ottobre 1981 - pagg. 38 e 47-48.
Marcozzi Giancarlo	"Precisazioni sul Campini" - rivista "Aerospazio mese" n. 24 - Dicembre 1981.
Marcozzi Giancarlo	"Quale Campini?" - rivista "Aerospazio mese" n. 30 - Giugno 1982.
Postiglioni Umberto e Barbano Mario	"Il primo aereo a getto" - rivista "Aerospazio mese" n. 45 - Settembre 1983.
Bettiolo Roberto	Il "caso Campini" - rivista "Aerospazio mese" n. 51 - Marzo 1984 - pagg. 55-57.
Gueli Marco	"CC1 or CC2? This is the question" - rivista "Ali Antiche" (G.A.V.S.) - Anno II - n. 5 - Ottobre-Dicembre 1984 - pagg. 13-14.

Marcozzi Giancarlo e Bettiolo Roberto	"Il primo aviogetto italiano" - rivista "Aerofan" - Anno 11 - nn. 4-5/1988 - Luglio/Agosto e Settembre/Ottobre 1988 - pagg. 110-115 e 140-148.
Alegi Gregory e Gueli Marco	"Speciale Campini-Caproni" - rivista "Ali Antiche" (G.A.V.S.) - n. 12 - Gennaio-Marzo 1989.
Marcozzi Giancarlo e Bettiolo Roberto	Lettere ad Aerofan - rivista "Aerofan" - Anno 12 - n. 49 - Maggio-Giugno 1989 - pagg. 94-96.
Sgarlato Nico	"Il kamikaze dal cuore italiano - l'aereo a getto suicida Baka" - rivista "Aerei" n. 2 - Febbraio 1990 - pagg. 40-43.
Alegi Gregory	"Italy's Jet" - rivista "Flypast" n. 109 - Agosto 1990 - pagg. 66-67.
Montinaro Giancarlo	"Cinquant'anni fa il Campini-Caproni" - "Rivista Aeronautica" n. 5 - Settembre-Ottobre 1990 - pagg. 104-109.
Boyne Walter J.	"The second jet used a 1910 power principle and sported the first "afterburner" " - rivista "Aviation Heritage" - Gennaio 1991 - pagg. 12 e 55.
Maglietto William	"Mario De Bernardi - da Milano a Guidonia con il Campini - Caproni" - "Rivista Aeronautica" n. 5 - Settembre-Ottobre 1991 pagg. 112-113.
Evangelisti Giorgio	"Secondo Campini dedicò la sua vita alla propulsione a getto" - dal libro "Gente dell'Aria n. 2" - Edit. Olimpia - Firenze 1994 - pagg. 29-43 (sono indicate due diverse date del primo volo).
Evangelisti Giorgio	"Fu un bolognese il progettista del primo aereo a reazione italiano" - dal libro "Bologna nella storia del volo" - Edit. Olimpia - Firenze 1994.
Marcozzi Giancarlo	"MXY8 "Ohka" 22 - Il Campini giapponese" - "Rivista Aeronautica" n. 1/1995 - Gennaio-Febbraio 1995 - pagg. 86-93.
Sgarlato Nico	"Un aereo senza elica - I prototipi dei motoreattori dell'Ing. S. Campini" - rivista "Aerei" n. 2 - Anno XXV - Febbraio 1997 - pagg. 46-50.
Marcozzi Giancarlo	"Non ventola intubata ma motoreattore" - rivista "L'Informatore FIAM n. 6 - Anno III - Dicembre 1998 - pag. 4.
Alegi Gregory	"Campini-Caproni" - ed. La Bancarella Aeronautica - Torino collana Ali d'Italia - serie 5 Mini - 2000.
Mondini Alberto	"Storia del motore a turbina" - "Rivista Aeronautica" n. 5/2000 Settembre-Ottobre 2000 - pagg. 110-115.
Lembo Daniele	"Il Campini-Caproni e i velivoli a reazione della Regia" - rivista "Aerei nella storia" n. 13 - Agosto-Settembre 2000 - pag. 14-22.